阅读成就思想……

Read to Achieve

学会投资

让未来无忧的博格投资课

（第2版）

泰勒·拉里摩尔（Taylor Larimore）

[美] 梅尔·林道尔（Mel Lindauer）　◎著

迈克尔·勒伯夫（Michael LeBoeuf）

苗　淼◎译

中国人民大学出版社

·北京·

图书在版编目（CIP）数据

学会投资：让未来无忧的博格投资课：第2版 /（美）泰勒·拉里摩尔（Taylor Larimore），（美）梅尔·林道尔（Mel Lindauer），（美）迈克尔·勒伯夫（Michael LeBoeuf）著；苗淼译. -- 北京：中国人民大学出版社，2019.9

书名原文：The Bogleheads' Guide to Investing, 2nd Edition

ISBN 978-7-300-25417-3

Ⅰ.①学… Ⅱ.①泰… ②梅… ③迈… ④苗… Ⅲ.①投资—基本知识 Ⅳ.① F830.59

中国版本图书馆 CIP 数据核字 (2018) 第 006337 号

学会投资：让未来无忧的博格投资课（第2版）

泰勒·拉里摩尔（Taylor Larimore）

【美】梅尔·林道尔（Mel Lindauer）　　　　著

迈克尔·勒伯夫（Michael LeBoeuf）

苗　淼　译

Xuehui Touzi: Rang Weilai Wuyou de Boge Touzike（Di 2 Ban）

出版发行	中国人民大学出版社		
社　　址	北京中关村大街 31 号	**邮政编码**	100080
电　　话	010-62511242（总编室）		010-62511770（质管部）
	010-82501766（邮购部）		010-62514148（门市部）
	010-62515195（发行公司）		010-62515275（盗版举报）
网　　址	http://www.crup.com.cn		
经　　销	新华书店		
印　　刷	天津中印联印务有限公司		
规　　格	160mm×235mm　16 开本	**版　次**	2019 年 9 月第 1 版
印　　张	17.5　插页 1	**印　次**	2019 年 9 月第 1 次印刷
字　　数	248 000	**定　价**	69.00 元

献给先锋集团创始人约翰·博格

多年来，虽然我们跟他相隔遥远，但依然逐渐熟识并成为值得珍惜的朋友。虽然一些共同基金创始人选择了创造财富，但他却选择了创造不同。

　　美国人的智力和道德伙伴关系是最值得关注的。不论年龄、阶层还是秉性，美国人成立了大大小小的各种协会，主题涵盖宗教、道德、庄重、琐碎、笼统或具体事宜。我常常美慕美国人的高超技能，他们总能成功提出能够吸引众人主动参与的共同目标。

　　只要有人提出一种希望推广的观点或情感，他们就会寻求互相帮助，志同道合的人就会迅速成立组织。从那一刻起，他们不再是孤立的个体，而是一种显著的力量，他们身体力行追随榜样，并最终获得话语权。

　　只有通过对彼此的相互影响，才能触动情感和观点，开拓心灵，发散思维……只有通过成立组织才能达到这一效果。在结社原则的帮助下，政治力量能如何参与日常小事呢？

——亚历克西·德·托克维尔（Alexis de Tocqueville）

《论美国的民主》（*Democracy in America*），1840 年

在我看来，活跃于网络的博格投资协会（Bogleheads）是亚历克西·德·托克维尔在其知名著作中以强大的感知能力描述的美国协会的范例。该协会汇聚了睿智、正直且志同道合的投资者，为成功的财富积累提供了完美的智力支持和理智教导。这也是《论美国的民主》（由一位25岁的法国人仅在美国待了九个月便写成的书）成为近170年来美国之道的定义文本的原因。

十多年来，博格投资协会由松散的专业投资人组织发展为正式的网站：Bogleheads.org［在此网站成立之前，博格投资协会在晨星公司（Morningstar）官网上的先锋Diehards论坛上发表帖子］。目前，博格投资协会的官方网站已有50 000次的访问量，每天发表的个人帖子达1500条，这一数量是令人难以置信的。而《学会投资：让未来无忧的博格投资课（第2版）》这本书的正式出版成为这一优秀投资协会的重大里程碑。

博格投资文化的两个特色值得特别注意。第一个特色是理性。博格投资者具有基本投资常识，排斥逻辑错误，重视事实，不喜夸张。当今流行一些投资误区——关注短期投资和高频交易，以为基金的高收益历史会再次出现，完全无视基金运营费用、销售佣金、资产组合周转的隐藏成本、税费，而这些误区都是投资者的软肋。随着协会的发展，博格投资协会逐渐接受了成功投资的核心原则——"简单与节俭的结合"。

第二个特色是乐于助人。博格投资者都互相关照。博格投资协会愿意为论坛的新老用户等所有投资者提供帮助，不论他们是否具有渊博的投资知识或丰富的经验，只要有任何投资问题并愿意探讨，都可以探讨，而探讨内容可能覆盖全国甚至全球，他们不会受到任何约束（无礼或粗鄙言论除外）。基金选择、基金业绩、投资类型、退休计划、储蓄计划、税务管理等，都属于这个优秀投资协会的讨论范围，他们努力为其他投资者提供免费客观的帮助。博格投资协会网站在提供投资指导的网站中属于佼佼者。

博格和博格投资协会

当我注意到博格投资协会时，这个组织已经成立三年多了。我听到先锋集团的公关人员在讨论这个协会，又听说他们不仅坚决拥护我的投资方法（在我 1974 年创建先锋集团时，这些投资策略和人性价值既奠定了公司的基础，也展现了我的投资方法），还是一群非常特别的人。

然而，直到 1999 年 2 月 3 日，我才第一次见到博格投资协会的成员。当时，在佛罗里达州的奥兰多举办了一届投资博览会，我在会上进行了关于投资原则的演讲（演讲主题为"投资中的文化冲突：复杂与简单之争"），这次演讲的争议性一度让邀请我演讲的主办方相当不解，甚至激怒了赞助方（他们都标榜拥有特有的快速致富的方法），但让在场的几千位个人投资者感到惊喜。

在我演讲前不久，泰勒·拉里摩尔及其妻子帕特向我进行了自我介绍。泰勒一直被视为博格投资协会的非正式领袖。事实证明，他是我见过最好的人——温暖、体贴、聪明，投资精明，乐于助人。他是一名老兵，参加过第二次世界大战，还是一名出色的水手，但泰勒的身份远不止于此。我之所以提这些是因为第一个职业需要勇气和纪律；第二个职业则需要仔细规划和坚持已确定的航线，同时还需要根据风向和潮汐进行调整。而这些特点恰好是成功投资者的主要特征。

2000 年 3 月，当我再次在佛罗里达州演讲时，泰勒邀请我去他在迈阿密的公寓与博格投资协会的成员们见面，我欣然同意。迈阿密是泰勒的故乡，他将这座房子称为"杰克建造的房子"，以表示对我的尊敬。当我进入酒店大堂时，迎接我的是博格投资协会的非正式副会长梅尔·林道尔，一旁的标牌上写着"博格投资协会聚会处"。我们一起去了泰勒那温馨的家，帕特的热情好客，让我们得以进行了一整晚特别温暖、活力四射、令人愉快的交谈，这在后来被称为第一届 Diehards 年会。其中 20 多位之前彼此从未谋面的投资者迅速成了朋友。

2001 年 6 月 8 日，博格投资协会在宾夕法尼亚州的福吉谷举行了第二届 Diehards 年会。在这次年会上，美国 *Money* 杂志的资深撰稿人杰森·茨威格（Jason Zweig）进行了晚宴致辞，40 位博格投资协会成员出席了年会。随后，杰森·茨威格撰文对博格投资协会进行了表扬："在 Diehards 年会这场投资界的有序大合唱面前，市场噪音黯然失色。"第二天，参会成员访问了位于福吉谷的先锋集团总部，我作为东道主担任了导游和主旨发言人。随后进行了范围广泛的问答环节。最后，马萨诸塞州的博格投资协会成员鲍勃·斯托（Bob Stowe）牧师代表协会送给我了一份礼物，这是一只第二次世界大战时期的冲锋号，以此寓意我"登高一呼，打造了保护普通投资者并为之服务的产业"（我禁不住想以圣·保罗的话来回应："如果冲锋号声飘忽不定，那谁还愿意投身沙场？"）。

2002 年 6 月 26 日，第三届 Diehards 年会在芝加哥由网站提供者晨星公司热心主办，来自全国各地的 50 多位博格投资协会成员参加，共同聆听了我的演讲"泄密的数据"，并积极参加了一系列的集体活动。这些投资者既心地善良，又很聪明，他们努力传递善意，从而使他们之间的友谊在芝加哥得到了巩固。

第四届 Diehards 年会于 2004 年 5 月 10 日在科罗拉多州的丹佛市举办，约有 60 多位博格投资协会成员参加。参加者同时都是投资管理与研究协会年会的参会嘉宾，该协会是代表证券分析师和资产管理师的专业组织（现已更名为 CFA 协会，即特许金融分析师协会）。博格投资协会会员在我的演讲会场占据了一席之地（我的演讲题目是"股东视角下的良好管理"），随后进行了广泛的问答环节。主持人交给我的最后一个问题是"什么是博格投资者"，这个问题非常好，我终于有机会在 1000 名投资专业人士面前介绍这群优秀的人了，他们共同组成了个人投资专业协会，同时我还介绍了他们使用并推广的完美投资策略。

博格投资协会的年会持续吸引了热情的投资者，他们在此结识了新老朋友，聆听投资专业人士的演讲，当然，还见到了志同道合的投资者。年会的举办地点遍布全美——拉斯维加斯、华盛顿、圣地亚哥、达拉斯和沃斯堡。

近年来，博格投资协会也在先锋集团的总部——弗吉尼亚州福吉谷举办过年会。

关于博格投资协会

《学会投资：让未来无忧的博格投资课（第 2 版）》这本书的内容精彩，文笔幽默，充满了智慧。作为一个终身投资者，我认为拉里摩尔、林道尔以及勒伯夫提供的睿智讲解值得铭记，他们认为投资行为"与大部分日常行为并不相同"。这主要是因为金融市场基本上是封闭的，而投资者的优势对同一市场上的其他投资者来说便是劣势。作者认识到了这一永恒的真理：作为群体，投资者获得的总收益必然是平均的，所以跑赢市场只是一种零和游戏（当然，扣除投资成本之后，这就变成了失败者的游戏）。重要的是，他们注意到，依靠适用于生活中的大多数挑战的典型常识与方法"注定会让投资者们变穷"。他们对以下生活原则提出了警告：

* 如果你不知道如何做……听从专家的意见。

* 付出多少，就会得到多少。

* 在危机面前要立即采取行动！

* 历史业绩是对未来业绩的最佳预测。

总之，在日常生活中行之有效的大部分原则只会导致投资失败。理解逆向投资者的智慧是投资获得成功的第一步。

如果这些警告准确但又与直觉相悖，那么《学会投资：让未来无忧的博格投资课（第 2 版）》这本书的基本推动力便是既准确又与直觉相符的。"选择稳健的理财方式；尽早开始并定期投资；了解所购买的投资产品；保持购买力；保持低成本和低税负；将股票投资组合多样化（并把股票风险分散在债券组合上）"。在未来几年内，遵循这些简单原则的投资者将获得较高的收益。

博格投资协会与本杰明·富兰克林

读完《学会投资：让未来无忧的博格投资课（第 2 版）》这本书，有一种似曾相识的感觉。因为我突然意识到，最近读了一本类似的书，这本书写作于 250 年前，囊括了合理、简单且成功的储蓄和投资方式，这表明这些法则可能不仅有效，而且是永恒的。碰巧的是，在本杰明·富兰克林所著的、在 1757 年已经广泛流传的小册子《致富之路》（又名《致富的艺术》或《亚伯拉罕·林肯语录》）中，他就提到了这些道理。此书于 2002 年由美国哲学学会再版。

* 如果你想致富，就要将储蓄和挣钱置于同等重要的地位。
* 以希望为主食的人，将死于绝食。
* 没有痛苦，就没有收获。
* 交易创造财富。
* 税收确实很重，（但）因为懒惰闲散而不得不缴纳的税赋是政府征税的两倍，因为骄傲自满而不得不缴纳的税赋是政府征税的三倍，因为愚蠢荒唐而不得不缴纳的税赋是政府征税的四倍。
* 注意小笔开支，小漏沉大船。
* 学问为勤奋者所获，财富为心细者所得。
* 忠仆难觅。
* 取粮不储粮，桶底粮也光。
* 大厦容易倾，小船勿远行。
* 储蓄防老应急。
* 人无千日好，花无百日红。

总之，富兰克林与博格投资协会的观点不谋而合，"我的朋友，这是理性和智慧的教义……是保持节俭和谨慎的同时依然追求卓越。谦卑祈求上帝的祝福，宽容对待那些看上去需要祝福的人，安慰和帮助他们。""在这个世界上，最高尚的是什么？'我能对高尚的事业做出哪些贡献？'"博格投资协会成员"皆致力于践行高尚品德，帮助他人"。

博格人如何看待博格投资协会

亲爱的读者，假设你是我。如果一个协会以"你的姓氏＋头脑"命名，你会有何感受？这都取决于协会成员的性格、价值观、智力和道德原则与你的一致程度，不是吗？博格投资协会名副其实，他们赞成我在整个职业生涯都在践行的投资策略和价值观。不仅如此，正如亚历克西·德·托克维尔建议的那样，他们已经"形成了一种观念……他们希望去推动，寻求相互帮助，只要发现志同道合的人就会马上携手并进……影响彼此的观点，开拓心灵，发散思维"。

所以，理所当然的我会感到荣幸，也很高兴。这不仅仅是因为这些以我的名字为协会命名并采纳我的投资原则的忠实追随者的认可和友谊，还因为我在投资、管理、企业家精神和公共服务上的职业生涯最终目标，即使是在我离开这个世界之后，声誉依然能完好无损（但希望我不要离得太快）。所以我承认，是的，我充满了骄傲，因为我的人生使命已经被越来越多的人所接受，不仅是博格投资协会的成员，还包括成千上万诚恳务实的人，他们以自己的努力为家人获得财务安全，他们的付出值得回报。

当然，这种骄傲与纯粹的祝福相距甚远，我也意识到这种情绪是需要小心处理的。富兰克林曾经睿智地说道：

> 在现实中，也许没有任何自然情感像骄傲这样难以征服。人们尽可能地伪装它，与它斗争，试图打败它，消灭它，抑制它，但它依然存在，并且会时不时地显露出来。在我的人生中，你也许会经常看到它。即使我以为我已经完全克服了它，我可能还会为我的谦逊而感到骄傲。

　　如果回顾过去，我允许骄傲自行显露，但可以保证的是，与骄傲同在的还有深深的谦卑，我接受博格投资协会以命名的方式来表达对这个独特博格的独特敬意，但我更为他们对我的原则和价值观表现出的热情支持和他们对这本书的奉献而骄傲。遵循这本书的指导，你会享受投资的成功。

约翰·博格

不要高估或轻视金钱的价值，金钱是一个好仆人，但却是一个坏主人。

——亚力山大·小仲马
《茶花女》，1852 年

可能与你的想法相反，"博格头（Boglehead）"并不是那种你偶尔看到前面的车后窗里跳跃的滑稽小娃娃——那是摇头娃娃。

"博格头"是一个完全不同的生物。尽管流行度比摇头娃娃低得多，但我们的成员人数也已经达到了几百万人。我们是博格投资者，我们遵循先锋集团创始人约翰·博格的投资理论和策略。

我们的领袖

约翰·博格对个人投资者做出了非凡的贡献。他创造的无负载、低成本、低税费的共同基金为数百万投资者带来了比其他方式多得多的收益。

他推出了第一只针对个人投资者的指数基金，被其批评者称为"博格的蠢事"。今天，正是这只基金，即先锋500指数基金，成了世界上最大的共同基金。多亏了约翰·博格，更多个人投资者的资金才得以使他们自身受益，而非落入券商、基金经理或税务部门的口袋。对于日常投资者来说，这些投资收益使他们得以改善家庭居住条件，支付孩子的大学教育费用，退休后享受更舒适的生活，给所爱的人更多遗产或捐赠给他们关心的其他事业。尽管其他投资基金也加入了这场低成本革命，但是约翰·博格吹响了号角，并担起了领导职责，使先锋集团继续发挥着引领作用。

你可能会认为，对一个人来说，一生有这样巨大的贡献已经足矣，但约翰·博格并不是平凡的人。自1996年因心脏移植手术卸任先锋集团董事长以来，约翰·博格便致力于指导投资者如何获得更大的投资收益。此外，他的指导对投资进行了简化，很容易被没有财务背景的普通人所理解。他著有《博格谈共同基金》（*Bogle on Mutual Funds*）、《共同基金常识》（*Common Sense on Mutual Funds*）以及其他很多经典著作。

除了创造众多共同基金，指导他人进行高效率、高收益的投资之外，约翰·博格还是个人投资者的积极倡导者。他经常对专业群体或在毕业典礼上发表演讲，也多次接受电台和电视台的采访。他经常在《华尔街日报》上发表社论。他向投资界传达的信息始终是一致的：公平对待投资者的资金，告诉他们真相，并永远记住这种重要品格。他被称为"业界良心"，这再恰当不过了。他获得的荣誉不胜枚举，曾在2004年被《时代周刊》（*Time*）杂志评为"全球最有影响力和感召力100人"之一。托马斯·杰斐逊曾经说过："若有勇气，即使是一个人，也可抵千军万马。"他指的可能就是约翰·博格。

如何找到博格投资者

感谢芝加哥的投资研究机构晨星公司，它在1998年为全世界的博格投资者提供了可以交流投资理念及互相帮助的线下会面场所。你可能已经猜到了，我们的会面地点通常是线上。感谢亚历克斯·佛莱科特（Alex Frakt）和拉里·奥顿（Larry Auton）的努力，使 bogleheads.org 网站目前可提供最新交流的话题链接、博格投资协会的详细介绍，以及常见问题的解答。论坛对公众开放，你可以阅读他人的对话，并免费在博格投资论坛上发布帖子。

冒着不谦虚的风险，我们认为博格投资论坛是最好的网络投资论坛。该网站的日点击率超过一百万次。我们的成员包括最优秀的投资规划师、作者和业界大腕。在论坛上发布的问题可能会得到一个或多个解答。最重要的是，你得到的答案是诚实的、公正的，回答者没有隐藏的兜售计划。我们的论坛坚决反对试图以此为业务诱饵的人，含商业性质的帖子会被迅速删除。从年龄上看，我们的最小成员为 12 岁；从财富和经验上看，既有正在积累经验的投资起步者，也有投资组合达数百万美元的资深投资者。

博格成员的聚会并不仅限于网络，自 2000 年起，所有成员都会受邀参加线下年会并进行面对面交流。除了一次例外（住院），约翰·博格出席了所有年会。他慷慨地与我们共度时光，对我们进行深入地个人了解，并回答我们的投资问题。所有的全美活动都会轰动一时，年度聚会也将继续举行。

此外，博格的地方分会也在全美和亚欧大陆的各个城市和地区踊跃成立。地方分会为博格成员提供了面对面交流的机会，他们可以共同进餐并讨论投资。全国博格会议和地方分会会议是美国的缩影——群英荟萃，大家共同学习，分享知识并帮助他人。

关于本书

本书的写作目的是介绍博格先生的投资方法。这本书会提高你的投资能力和对个人资金的管理能力。我们假定，你不懂财务知识。事实上，对投资不了解可能是一种优势，你不需要清除华尔街和媒体鼓吹的流行思路，这些都是不真实的。

我们三人的投资经验加起来超过了一个世纪。通过不断摸索，我们不约而同地采用了博格的投资方法，原因很简单，它会为我们的投资带来最高的税后收益，且风险最低。就是如此简单。

本书主要涉及以下关键问题：

- 如何在开始投资之前获得良好的经济基础；
- 各种类型的投资的本质；
- 如何抵消通货膨胀对投资的影响；
- 如何确定所需的储蓄数额；
- 如何建立简单有效的投资组合；
- 积攒大学教育费用的有效方法；
- 如何管理意外之财；
- 如何决定是否需要以及如何选择财务顾问；
- 如何确定调整投资组合的时机和方式；
- 如何识别并忽略华尔街和媒体以自身获利为目的的虚假宣传；
- 情绪是投资者的最大敌人，如何避免情绪掏空存款；
- 如何避免财务危机；
- 如何既有充足资金又能享受舒适的退休生活；
- 如何有效地将遗产传递给继承人；
- 如何保持简单的投资风格，将更多的时间用于充实的生活。

我们没有秘而不宣的计划。我们不是寻找客户的财务规划师或基金经理。我们不会开向你销售高性能、快速致富的周末研讨会。我们都已经70多岁了，衣食无忧，身体健康。如果你想在书店、图书馆里读这本书，或从朋友那里借来读，我们都没有意见。我们的主要任务就是传承约翰·博格的使命，教别人如何获得投资的最佳长期收益。

我们还有第二个使命。我们希望这本书能鼓励你加入博格投资者的在线家庭。登录博格投资论坛，跟大家打个招呼吧。你可以发表任何问题，也可以与我们分享学到的投资知识。我们都是学习者，互相帮助并享受博格投资者的友谊。欢迎各位的到来！

目录

目 录

目 录

目　录

第一部分

成功投资的关键因素

第 1 章

The Bogleheads' Guide to Investing

你的生活方式决定
你未来的财务状况

> 当今，免下车银行的成立使大多数汽车能够看到自己真正的
> 主人。
>
> ——E. 约瑟夫·格罗斯曼（E. Joseph Grossman）

这里有一组旧的统计数据，但是多年来并未变化。在 100 位 25 岁时开始投资的美国年轻人中，到 65 岁时，只有一人变富，四人实现经济独立，剩余的 95 人直到退休都无法独立维持曾经习惯的生活方式。

如果没有政府援助，如社会保障、医疗保险和医疗补助计划等，许多人将无法解决温饱问题。如果你梦想着退休之后能由政府承担全部开销并保证富裕的生活水平，那么是时候醒过来了。虽然政府会解决你的温饱问题，但并不会保证你的退休生活达到小康水准。这只能靠你自己。完全基于政府施舍的生活方式即使在最好的情况下也总是不舒服的。

随着 7600 万在婴儿潮一代出生的人已经退休或接近退休年龄，这种状况可能会变得更糟。

即使是生活在世界历史上最富有的国家，拥有巨大财富且与日俱增，也只有 5% 的人在 65 岁时实现了经济独立。为什么会这样？答案往往在于我们如何处置手中的资金。

借贷型、消费型以及储蓄型生活方式大PK

虽然你可能没有意识到，你已经选择了目前正在保持的生活方式。为了简单起见，让我们来看三对夫妇保持的三种常见的生活方式。其中某一种可能会让你想起你认识的人。但最重要的问题是："哪种财务生活方式与你最为接近？"

借贷型生活方式

"忘了明天，让我们为今天而活。"这是比尔和贝蒂的借贷型生活信条。从字面上看，这种理财方式建立在海量信用卡的基础之上。对借款人来说，不论购买什么，以现金支付都几乎是闻所未闻的。他们开着最新最好的车，穿戴最新流行的时尚珠宝和服装，住在富丽堂皇的大房子里，所有的开销都建立在巨额借贷的基础上。他们的大房子只交了很少的首付或零首付，其余部分全由利率浮动的抵押贷款支付。同样，汽车是租来的或者最大限度以高额汽车贷款支付。任何支持信用卡消费的商品都以信用卡支付。对于借款人来说，信用卡是一笔划算的交易，几乎像是免费得来的钱。只需每月连续支付信用卡公司2%的欠款。这是他们在大学里学到的第一课。

比尔和贝蒂做梦都想拥有朋友们引为谈资的豪华邮轮。不幸的是，豪华邮轮的价格是他们的信用卡限额可望而不可即的。不过，还存在一种现成的融资来源。由于机缘巧合，比尔和贝蒂名下的房产已经大幅升值。因此，他们只需要拿到住房抵押贷款就可以乘邮轮去巡游了。更好的是，由于贷款利息是免税的，花在邮轮上的这部分钱其实是由美国政府支付的。是不是很棒？

除非借贷人做出巨大改变，否则他们未来的财务状况将走向悬崖。他们不仅没有积累财富，反而正在积累负财富，更贴切的说法就是债务。在这种情况下，任何失业、事故或疾病都会让借贷人的高标准生活变成历史。他们的汽车将被没收，贷款也将被取消抵押品赎回权，他们会被赶出自己的家。他们宣布破产，许多重要资产都会被拍卖给债权人。朋友和邻居们都会很吃惊，议论说："他们看上去还一切顺利。"在得克萨斯，这种综合征被称为"打肿脸充胖子"，比尔和贝蒂把自己标榜为坏运气的受害者。但事实是，他们为了支付今天的消费套现了明天。

消费型生活方式

幸运的是，大多数美国人比那些采取借贷型生活方式的人更负责任。相反，他们的财务方式与查德和凯西夫妇的消费型生活方式更为相似。采取借贷型生活方式的人具有信用卡消费心理，而采取消费型生活方式的人则具有工资消费心态。查德和凯西并不会尽可能多的借贷，而是以他们的净收入总和为基础来进行最大消费。他们确定家中可支配的工资数额，然后去买能负担的最多的东西。毕竟，这不正是他们工作的原因吗？

像大多数美国人一样，查德和凯西并不具有使用现金购买房子、新车、邻居家的大屏高清电视等大件商品的能力。当涉及大件物品购买时，是否购买的决定通常归结为如何回答这个神奇的问题："我们能负担每月按揭吗？"

他们从来没有考虑过按揭会增加多少购买成本或将为此支付多长时间。他们对这种细节并不感兴趣。只要能保证付款，他们就会购买商品。他们的财务方式只是挣多少花多少。

查德和凯西听说过罗斯个人退休账户（Roth IRAs），他们可以通过这个免税账户攒钱以备退休后使用。他们工作的单位都参与了401（k）退休计划，在此计划中，用人单位将为员工的养老金账户存入与其个人缴纳或投资相对应比例的数额，且推迟纳税。然而，他们放弃了获得免费资金和积累免税财富的机会。当然，他们也想存钱。但不幸的是，他们现在需要的东西太多：新车、大屏幕电视、iPod、带数码相机的新手机、迪士尼世界之旅和许许多多生活必需品。他们的灵魂属于上帝，但他们的钱包属于购物圣地麦迪逊大道。

消费型生活方式的唯一好处是好于借贷型。尽管查德和凯西相信他们是自己生活方式的主人，但事实上他们只是租客。与借贷型生活方式一样，任何失业、事故或疾病都可能会导致可怕的财务后果。如果没有现金缓冲和实现财务独立的长期计划，他们将继续过着租来的生活，直到他们选择退休或失去工作能力。之后，他们将不得不节衣缩食，看政府脸色生活。

储蓄型生活方式

虽然大多数美国人在生活中都具有信用卡或工资心态，但依然存在非常明智的第三种群体，他们的理财思维与前两种完全不同。以肯和吉姆夫妇为代表的采取储蓄型生活方式的人认为，"债务是致命的，而为了消费去挣钱会让你一事无成。实现财务自由的人关注的是长期积累财富"。在其他人关注净收入时，采取储蓄型生活方式的人更感兴趣的是自己的净资产。

采取储蓄型生活方式的人的工资并不比借贷型或消费型高。事实上，他们可能挣得更少。但从人生的整体时间范围来看，与借贷型夫妇和消费型夫妇相比，他们可支配的钱可能更多，退休享受生活的时间可能更长。

区别在哪里？首先在于储蓄型生活方式的人如何处置手中的资金。只要有收入进账，他们做的第一件事就是投资于未来的财务自由。他们至少会将收入的 10% 用于储蓄或投资。他们积极参与所有员工储蓄和 / 或公司匹配的储蓄账户计划。他们每年按照法定的最高限额向罗斯个人退休账户中缴存资金。

他们是否像借贷型和消费型生活方式的人那样有债务和信用卡呢？答案是肯定的。然而，他们的债务通常是在负担能力之内的住房贷款或极大刺激他们挣钱能力的子女助学贷款。如果有汽车贷款，他们可能要买车龄为两三年的二手车，并计划长期使用。他们知道，汽车在前几年的折旧贬值是拥有汽车的最大成本。因此，他们要买划算的车，车况良好，且贬值部分已由原车主承担。至于信用卡，他们只在方便时使用，且每月按时归还全部信用卡消费。

肯和吉姆这种极其节省又希望将来变富的人是小气鬼吗？不，他们并不是。每月划出固定金额后，他们花掉了自己的大部分收入。他们的衣食住行均保持了较好的水准，定期度假，享受了很多可以用钱买到的好东西。他们只是意识到了采取借款型生活方式和消费型生活方式的人不知道或刻意忽视的东西。通过长期坚持积累财富的理财计划，他们拥有的钱总有机会比需求更多，甚至某天会比他们想要的更多。

在开始投资之前需要做的三件事

事实上，你花时间阅读这本书已经表明，你关心自己未来的财务状况。你想学习合理投资的基本知识以实现重要的生活目标，如拥有良好的居住条件、支付孩子的大学学费、保持舒适的退休生活水平。同时，你希望有足够的钱来享受当下。数百万人已经全部实现了这些目标，你也可以。但是，在讨论基本知识和开始投资之前，我们强烈建议你做以下三件事，如果你还没有这样做的话：

1. 从"薪水心态"转变为"净资产"心态；

2. 还清信用卡和高息债务；

3. 设立应急基金。

从"薪水心态"转变为"净资产"心态

自我们有理解能力以来，社会就习惯于让我们把收入和财富混为一谈。我们认为，医生、公司老总、专业运动员和电影演员之所以富有是因为高收入。我们以工资多少来判断我们的朋友、亲戚和同事在工作中是否获得了经济成功。六七位数的工资被视为财富地位的象征。虽然收入和财富具有一定关系，但它们是相互独立且截然不同的经济机制。

收入是指你在特定时间内挣的钱。如果你的年收入为一百万，年消费也是一百万，那么你的财富就没有任何增长，你只是生活奢华而已。那些只专注于以净收入来衡量经济成功的人忽略了衡量财务独立的最重要指标。不是挣多少，而是剩下多少。

财富的衡量标准是资产净值，即所拥有资产的总金额减去债务总和。所以，你做的第一件事就是计算自己的资产净值。计算方法并不复杂。首先，将所拥有的全部资产折算成货币价值。这些资产包括以下内容：

- 支票、储蓄账户、信用社或货币市场基金的现金；
- 人寿保险的现金价值；
- 住宅和任何其他持有的不动产资产；
- 所有股票、债券、共同基金、存款证明、政府证券或其他投资；
- 退休金或退休计划；
- 汽车、船、摩托车或其他车辆；
- 服装、珠宝、家居用品和家用电器等个人物品；
- 艺术品或古董等收藏品；
- 拥有且拟出售的业务；
- 其他任何有价值的东西。

清算出当前的资产总价值之后，加上目前欠的债务总额。债务包括以下金额：

- 房贷或其他不动产贷款；
- 信用卡；
- 汽车贷款；
- 个人贷款；
- 教育贷款；
- 人寿保险贷款；
- 家庭资产贷款；
- 生意应付账款；
- 任何其他债务。

将拥有价值减去所欠价值，即资产净值。在搜索引擎中输入"资产净值计算器"，会得到数以千计的选择。选择其中一个，按要求在空白处填入所需数据，你将会得到自己的资产净值。

可以将所得的资产净值数字与其他同龄人和收入相等的人进行对比。美国联邦储备局每三年进行一次家庭资产净值调查。最近发布的是 2010 年的数据。当时，美国的家庭资产净值中位数为 77 300 美元（即半数更少、半数更多）。

你可能已经猜到，受过良好教育的人和个体经营户的资产净值往往更高。从教育程度上看，接受过大学教育的家庭资产净值最高，为 195 200 美元，而仅接受了高中教育的家庭的资产净值仅为 56 700 美元。个体经营户的资产净值最高，为 285 600 美元。

毫不奇怪，资产净值中位数往往随着年龄和收入增长而相应增加，如表 1–1 所示。

表 1–1　　　　　各年龄段的资产净值中位数变化表

年龄	资产净值中位数（美元）
35 岁以下	9300
35~44 岁	42 100
45~54 岁	117 900
55~64 岁	179 400
65~74 岁	206 700
75 岁及以上	216 800

表 1–2　　　　　资产净值中位数在家庭收入中的占比变化表

收入占比	资产净值平均数（美元）
20% 以下	6200
20%~39.9%	25 600
40%~59.9%	65 900
60%~79.9%	128 600
80%~89.9%	286 600
90%~100%	1 194 300

养成每年计算一次资产净值的习惯。追求财务自由始于清楚自己的财务状况。

还清信用卡和高息债务

我们非常希望你没有高息债务或信用卡循环余额。然而，如果有，你可能需要在开始投资之前将这些债务还清。

建议你这么做仅仅是因为这是你能挣到的最高、无风险且免税的收益。信用卡余额是最狡猾的债务。当你将接下来几个月的欠款余额从一张信用卡转移到另一张利息更低的信用卡上时，你可能会认为自己比信用卡公司更聪明。不要受它欺骗。还清所有信用卡欠款。循环信用卡欠款只会让信用卡公司更富，让你更穷。

例如，假设一个家庭的信用卡欠款余额为 8000 美元，每月最低还款额为 160 美元，利率为 18.9%。如果没有额外的增加费用，还清欠款约需 8 年，其中支付的利息费用超过 7000 美元。这意味着信用卡持卡人将花费超过 15 000 美元来购买价值 8000 美元的商品和服务。如果你还认为这是一笔划算的交易，建议你去看看医生。

你有没有阅读过信用卡公司寄来的那些印刷精美的合同？如果认真阅读过，你会为他们拥有的权力而震惊。错过一期还款，约定利息便会从 6% 飙升到 25% 或 30%，甚至更多，而这些并不需提前告知。通过信用报告服务，他们可以检查你是否按时支付了其他未偿还的债务。只要你的抵押贷款、其他信用卡，或任何其他债务出现了逾期支付，他们都有权将你的利率提高到他们选择的任何水平。在这件事上，你没有发言权，而且在信用卡公司可以收取的利息上并不存在任何限制。如果同意他们的条款，就等于你已经冒险将自己未来的财务托付给有权发放合法高利贷的公司处置。

你是否意识到，你一生的总收入有可能达到数百万美元？银行和信用卡公司肯定意识到了，而且想要从中分一杯羹。每一笔尚未偿还的高息债务都在蚕食你的资产净值，并将这部分财富转移给贷款公司的资产净值。也许这就是为什么他们拥有摩天大楼，也许这就是为什么他们的广告霸占了我们的电视屏幕，无休止地发送垃圾邮件，向我们提供各种福利的信用卡，如航空里程、现金折扣等。也许这就是为什么他们有能力赞助高知名度的重大体育赛事，而我们不能。还清信用卡，你将得到 12%、18%、30% 甚至更大比例的稳妥免税收益。

如果你已经坐上了信用卡这辆没有终点的旋转木马，请马上下来。如果欠款余额很多，但你还拥有对自己房屋的所有权，那么可以考虑申请房屋按揭抵押贷款来结清信用卡贷款。这部分的欠款利率可能低于信用卡利率，而且利息是免税的。

还清信用卡周转余额后，你需要支付每月到期且不产生任何利息费用的余额。如果你持有的信用卡导致你超支消费，停用信用卡并注销账户，转为现金或借记卡支付。让发卡公司从其他人身上剪羊毛。相信我们，少了你一个，这些公司依然过得很好。

设立应急基金

投资之前的最后一步是拥有随时可以动用的应急资金以应对紧急情况。事故、自然灾害、疾病、失业、丧偶和离婚等都可能导致财务灾难。更糟糕的是，财务灾难总有办法在最没有防备的时候出现。有两种方法可以使突发事件的危害减到最小，即购买适当类型和金额的保险，并保证有随时可动用的现金以备不时之需。关于保险的基本知识请参考第 21 章。

应急基金的规模在很大程度上取决于你的资产净值和工作稳定程度。一方面，如果你工作稳定，如大学终身教授，那么能支付三个月生活费用的现金储备即可满足需求。另一方面，如果你是自由职业者或所工作的行业时常裁员，你需要的现金储备应能覆盖全年的生活费用。对大多数人来说，覆盖半年生活费用的现金储备就足够了。

将应急资金存在安全的流动账户里。银行储蓄账户、信用合作社账户或货币市场共同基金账户都符合条件。充足的应急基金可以让你在夜里睡个好觉，这还会减少你挪用本打算用于长期投资的资金的可能性。

如果你理清了自己的资产净值，还清了高息债务，并建立了现金储备，恭喜你！现在你已经准备好成为博格投资者了。

第 2 章

The Bogleheads' Guide to Investing | **定期投资越早越好**

增加投资的时间就像给花园施肥：它会让万物生长。

——麦格·格林（Meg Green）

佛罗里达州迈阿密市注册理财规划师

20 05 年 2 月，约翰·博格先生和几位博格投资协会成员在佛罗里达州奥兰多市进行了非正式会面。在交流中，博格先生提到几周前收到了一位先锋集团股票持有者的来信。他在信中写道，他自 20 世纪 70 年代以来一直参与先锋集团的投资。从那时起，他的资产组合价值已经增长到了 125万美元。但有意思的是：他一生中的年薪从未超过 25 000 美元。

这引起你的注意了吗？

你可能会问："这怎么可能呢？他是股票市场能手，有英明的顾问，赢了彩票，抢了银行，继承了一笔钱，还是只是幸运？"我们并不认识这个人，也不了解他的投资历史。但事实可能是，他通过持续储蓄和长期投资积累了一小笔财富。虽然很少有人选择这样做，但任何人都可以做到。

事实证明，每月初购买 601 美元的股票指数基金，再加上 10% 的年均回报率，30 年后总数会增长到 1 249 655 美元。同时，每月 601 美元约为年薪25 000 美元的 28.9%。你可能开始计算了，不过这个数字对每个人都一样。

复利的魔力：撬动财富的杠杆

大多数年薪为 25 000 美元的人都认为，彩票中奖是他们唯一成为百万富翁的机会。事实上，任何人买彩票中奖的概率都比在一生中被闪电击中两次的概率要小得多。然而，复利的力量和相关的 72 法则（以 1% 的复利计息，72 年以后本金就会变成原来的一倍）已经阐明，随着时间推移，任何人都可以缓慢地积少成多，最终变为大财富。

72 法则很简单：想要确定投资本金需要多少年会价值翻倍，只需用 72 除以年收益率。例如，年收益率为 8% 的投资，每九年翻倍一次（72 / 8 = 9）。同样，年收益率为 9% 的投资每八年翻倍一次，年收益率为 12% 的投资每六年翻倍一次。

表面上看，这似乎没什么大不了的，直到你意识到这一点，每一次钱翻倍时，你的原始投资会增长 4 倍，然后 8 倍，然后 16 倍，再到 32 倍。事实上，如果你投资一分钱，每天翻倍，到第三十天，这一分钱就会变成 5 338 709.12 美元。现在你能明白复利的力量了吗？难怪爱因斯坦把它称为有史以来最伟大的数学发现。

让我们假设一个孩子今天出生。在他接下来的 65 年人生里，他或他的父母将一定数额的钱存入股票共同基金，年均收益率为 10%。你认为他们每天需要存多少钱才能让她在 65 岁时拥有 100 万美元？ 5 美元？ 10 美元？事实上，每天只需存 54 美分，65 年的复利就能超过 100 万美元。尽早开始投资真的有用。

表 2-1 也展示了尽早投资的力量：如果某投资组合除去费用和税收后的年均收益率为 8%，那么想要在 65 岁时拥有 100 万美元，在不同年龄段进行一次性投资的数额是不同的。

表 2-1　65 岁获得 100 万美元需在不同年龄段开始投资的金额（年均收益率 8%）

年龄	投资金额（美元）
15	21 321.23
20	31 327.88
25	46 030.93
30	67 634.54
35	99 377.33
40	146 017.90
45	214 548.21
50	315 241.70
55	463 193.49
60	680 583.20

数据来源：投资组合解决方案公司（Portfolio Solutions，LLC.）

　　大多数人年轻时并没有足够的资金可供一次性储蓄。然而，这并不意味着没有希望。25 岁的人很容易在 65 岁之前拥有 100 万美元。只需每年在罗斯个人退休账户中存 4000 美元，即可得到 8% 的年均收益率。在 65 岁时，该投资组合将价值 1 119 124 美元，而且免税，每天只需储存 11 美元。但是，如果这个人等到 35 岁才开始每年投资 4000 美元，等到 65 岁时他的投资组合只能价值 489 383 美元，离 100 万美元还差得远。如果一对年轻夫妇每年在罗斯个人退休账户中存 8000 美元，年均收益率为 8%，则 40 年后他们将坐拥数百万。

　　接下来的例子依旧可以证明尽早投资的巨大好处。从 25 岁开始，埃里克每年在罗斯个人退休账户中存 4000 美元，十年后停止投资。他的总投资额是 40 000 美元。从 35 岁开始，拉里每年在罗斯个人退休账户中存 4000 美元，持续 30 年。他的总投资额是 120 000 美元。假设二人的投资组合年均收益率均为 8%，在 65 岁时，埃里克的罗斯个人退休账户将价值 629 741 美元，但拉里的账户仅价值 489 383 美元。也就是说，提前十年开始投资，仅需三分之一的投资额，埃里克最终的收益率超过了 29%。

我们经常听到这些陈词滥调：

- 如果我当时懂得现在明白的道理就好了；
- 我们老得太快，醒悟得太晚；
- 青春太宝贵，年轻时浪费不起。

如果你还年轻，我们强烈建议你利用自己的年轻资本，充分发挥复利的优势力量。如果你已经老去，那复利的作用就更为重要。在剩余的人生里发挥 72 法则的作用。

投资中最难的事：养成储蓄的习惯

你很快就会明白，博格式的投资方法是很容易理解而且容易做到的。它是如此简单，你可以教给你的孩子们，我们也建议你这样做。对大多数人来说，投资过程中最困难的部分是养成储蓄的习惯。越过了这项难关，其余部分就很容易了。

什么是储蓄习惯？你想要一个不需要储蓄就能快速发财的投资系统吗？做梦吧。当然，你可以花 20% 的钱做保证金购买股票。但是，如果股票下跌呢？你准备好现金来补足剩余的保证金了吗？在 1929 年，很多投资者遇到了这个问题。其结果导致了历史性的股市崩盘和经济大萧条。从我们的思维方式来看，边际购买并不属于审慎风险。

博格投资协会的成员都是投资者，而不是投机者。投资是指购买资产，长期持有，并在多年后获得收益。当然，这也需要承担风险，但这种风险只会对你有利。投机则类似于赌博。投机者投资时往往希望尽快出售并能快速获利。和赌徒一样，一些投机者确实赢了，但输的概率更大。

成为博格投资者需要计划、坚持、耐心和长期思考。如果真的存在简单快速的致富秘密，那世界上的富人将比今天多得多。快速轻松的赚钱承诺是荒谬的人在电视播放的夜间信息广告里的胡言乱语。正如财经专栏作家杰森·茨威格中肯的评价："快速致富的问题在于你不得不经常这样做。"

如果你想在更短的时间内实现财务目标，我们能给你的最简单、最好的建议是：

每赚 1 美元，就尽量省下 20 美分。

一些勤奋的储蓄者实际上都在努力尝试将一半的收入节省下来。存得越多，就能越快实现财务目标。节俭没有替代品。决定存多少钱是最重要的决定，因为不存钱，投资就无从谈起。

2000 年，美国国家经济研究局发表了一篇题为《退休人群的选择、机会和财富分布》(*Choice，Chance and Wealth Dispersion at Retirement*) 的论文。论文公布了经济学家史蒂芬·温迪 (Steven Venti) 和大卫·怀斯 (David Wise) 的研究成果，他们将几千美国家庭的终生收入总额与其退休时的资产净值进行了对比。这项研究的目的是确定财富积累的影响因素。

你可能已经猜到了温迪和怀斯的发现，一些高收入家庭在退休时的家庭资产净值很低。相反，一些终生收入微薄的家庭在退休时却拥有较高的家庭资产净值。他们接下来研究了为什么有人能比其他人积累更多的财富。是因为这些人更健康吗？他们更聪明或者在投资选择上运气更好吗？他们得到了大笔遗产吗？经济学家的研究结论是，这些因素对退休时的资产净值并无显著影响。他们只发现了一个重要因素：这些人比别人储蓄更多。

你对拥有的每一美元都有处置的选择。你可以选择今天把它花掉或将其用于投资等明天增值。成功的资金管理关键在于在二者之间保持合理的平衡。

积攒投资资金：花的比赚的少

已故演员乔治·拉福特 (George Raft) 是这样解释他如何挥霍掉了 1000 万美元的："有的钱用来赌博，有的用来买马，有的花在了女人身上。剩下的都被我愚蠢地花掉了。"所有的财富积累者都有一个共同点：花的比赚的少。有两种基本方法可以积攒投资资金：提高收入或保证支出低于当前收入。我们建议你同时选择这两种方法。以下是帮助你开始实施这两种方法的建议。

储蓄

你可能已经听过这句话，那你会再听到一遍。如果你等到有闲钱才来投资的话，那你很可能要等到地老天荒。储蓄 / 投资的第一条原则是将这件事变成工资进账后的第一笔支出。能储存多少取决于自己。我们的建议是最低存 10%。极少数人能储存三分之一的收入，但能做到这一点，这些人是最有可能提前退休的人。获得财富没有神奇公式。投资越早，投资金额越多，你就能越快实现财务自由。

如果你现在花掉了所有收入，从这个月开始每月储存 1%，下一年逐月递增 1%。那么在一年的时间里，你会养成储存收入的 12% 的习惯。

降低支出比寻求提高收入更有效。额外储存的每一元钱对应的是额外挣 1.4 元，因为需要交个人所得税。然而，你省下的每一元钱都可以直接用于投资。再重复一遍，节俭总有回报。

每天 15 美元，创造免税财富

设法将每天的支出减少 15 美元，每年你就能省下大约 5500 美元来投资到罗斯个人退休账户中。尝试用一个月时间随身携带记事本，记下自己的所有支出。你会为每天随意花掉的金额而惊讶。你能减少去餐厅用餐和去美食咖啡馆消费的次数吗？你可以步行或骑自行车上班，而不是开车、坐公共汽车或乘出租车吗？从家里带便当作为午餐，你很可能每天会节省 5 美元至 7 美元或更多。在家里煮咖啡，你只需花费 50 美分，而不用再支付 4 美元，这样可以节省 3.5 美元。别再带家人去看电影，租视频在家看，你可以计算这样可以省出多少钱。选择在家里看电视，不要将资金花在门票、停车场和优惠票价上。

50 岁以下的罗斯个人退休账户缴存最高额度为每年 5500 美元。50 岁以上的最高额度则为 6500 美元。缴存额度根据通货膨胀定期调整，所以一定要检查确认最高限额是否增加。你必须具有收入，且调整后的总收入不得超过目前的限制，这样才有资格按最高额度缴存。若收入高于调整后的总收入限制，则无资格按最高额度缴存。税法也会定期修正，所以你需要经常检查以确认自己是否符合条件。不管能缴存多少，只要能存，就不要放弃积累免税财富的机会。以 25 岁为例，每年在罗斯个人退休账户中投资 5000 美元，连续缴存 40 年，65 岁时可获得免税财富 1 625 149 美元。

同样，常有一些公司将员工缴存与公司的暂缓交税退休计划挂钩。如果你就职的公司也是如此，一定要参加这项计划。如果现在取出所有工资，而不做任何储蓄，这就相当于放弃了免费的钱，而且让自己的收入大打折扣。不要拿了钱就走人，拿到钱就存起来！

将未来的收入增长用于投资

许多人发现存钱很难，因为他们习惯于把所有收入都花在维持目前的生活方式上。如果你也一样，那就尝试将至少一半的未来收入增长用于投资。这样你既可以保持生活水平，又可以享受加薪的好处，还可以兼顾投资。

如果你换了工作，收入涨幅较大，继续保持过去已经习惯的消费水平，将新的收入用于购买未来的财务自由。总有一天你会感谢自己今天的勤劳。

买二手商品

如果你养成了买二手物品的习惯，你可能只需支付不到购买新品一半的价格。养成这种习惯比使你的工资增加一倍更好。用过的锤子或螺丝刀的功能和新的完全一样。逛旧货商店或车库甩卖，从甩卖广告上找你需要的物品。在二手服装和家具店，你可以用仅占原价一小部分的钱买到划算的商品。电脑使用一年后的转手价格会大幅下跌。用过一两年的东西能满足你的全部需求，且成本仅需原价的一小部分。除了你自己，没有人知道它是用过的。因此，考虑购买二手物品是最重要的建议。

不要在买车上耗尽家财

每隔几年买一辆新车的习惯有可能比其他购买习惯更能降低你未来的净资产，包括信用卡债务。更糟糕的是，大多数汽车都是使用信用卡支付的，这更提高了买车成本。通用汽车公司从汽车贷款中的盈利比卖车还要多。

拥有职业体育特许经营权的超级富翁是如何发家致富的？你会发现，他们中有许多人都拥有或曾经拥有汽车经销连锁店。就像信用卡公司一样，汽车制造商和经销商也盯着我们一辈子辛苦挣来的钱并竭力想要分一杯羹。结果是，他们成功拥有了美国国家橄榄球联盟（NFL）、美国职业篮球联赛（NBA）或美国职业棒球大联盟的特许经营权，而我们却得到了一辆每年贬值25%的破汽车。

降低驾驶成本的方法是买一辆性能良好的二手车，并且使用现金支付。根据经验，每年驾驶中等价位的新车的成本比三年车龄的二手车约高出2500美元。如果你要买新的豪华车或耗油的SUV，则增加的成本可能翻倍甚至更多。

让我们假设一个19岁的人养成了只购买车龄三年的中等价位汽车的习惯。如果他从最开始就将每年省下的2500美元投资于年收益率为8%的平衡资产组合，到他65岁时，这些储蓄的复利可以达到1 129 750美元。对拥有两辆汽车的家庭来说，这个金额可以增加一倍。在一生的过程中坚持降低驾驶成本可以直接决定你退休时是百万富翁还是破产。

如果传说中的亿万富翁投资人沃伦·巴菲特驾驶的是一辆旧皮卡车，如果博格先生来参加我们的博格聚会时开的是他那辆六年车龄的沃尔沃汽车，那我们有必要买新车来炫耀给邻居看吗？

搬到生活成本更低的地方

你可以通过两种方式做到这一点：搬到同一地区住房较便宜的地方，或搬到生活成本较低的其他地区。选择其中一种或两种方式可以为你省下更多的投资资金。较小的房子可以降低财产税、抵押贷款还款额，以及物业费和维护成本。同时，卖掉旧房的收入可以给你带来一大笔净值投资。

如果你居住在华盛顿和波士顿之间的东海岸，或在圣地亚哥和旧金山之间的西海岸，那么搬到生活成本更低的地方将给你带来巨大的经济回报。例如，根据 homefair 网的薪酬计算器测算，从加利福尼亚州的纽波特比奇市搬到佛罗里达州的任何一个沿海城市都会将你的生活成本减少一半以上。根据 bestplaces.net 提供的生活成本计算器测算，如果你厌倦了新英格兰的冬天，想要去一个几乎每天都可以打高尔夫球的地方，那么从波士顿搬到凤凰城会将你的生活成本降低 41%。如果你住在海湾地区，你可能会高唱"我的财富留在了旧金山"。搬到美国大陆上的任何地方都可以大幅降低你的生活成本。

最理想的居住地是个人品味的问题，但在不同街区、城市和地区之间的生活成本的差异则是事实问题。有些人无法想象生活在曼哈顿以外的地方。然而，一位曾经住在曼哈顿的居民说："在纽约，你可以赚足够的钱来解决自己的问题，但这些问题在其他地方都不存在。"你可能仅仅通过搬家就能降低生活成本，节省更多投资资金，并提高生活质量。

创造其他收入

创造额外的收入来源是寻找投资本金的好办法。拉尔夫（化名）便是经典案例。拉尔夫 28 岁，已婚，刚刚有了孩子，在一家世界五百强公司从事全职工作。抱着实现财务自由的希望，拉尔夫创办了周末营业的地毯清洗业务。他还在自己居住的地方经营了一家独栋出租房屋，天气温暖时营业。在冬天时，房屋的市价会有所上涨，在价格合适时，他打算购置更多的房产。地毯清洗业务收入和租金收入的正向现金流为拉尔夫提供了投资于共同基金的资金。同时，他还最大化利用了其工作提供的 401（k）养老保险计划，并按最高限额缴存自己和配偶的罗斯个人退休储蓄账户。另外，拉尔夫最近买了一辆车龄为三年的家庭轿车，车况良好，但价格仅比汽车蓝皮书估价的一半略多。拉尔夫正走在致富的正确道路上，谁对此会有所疑问呢？

除了提供投资收益之外，额外收入可以使我们少受裁员、减员、办公室政治和无良雇主的影响。正如它能为投资多元化提供良好的经济保证一样，它也能使你的收入来源多样化。

如果你决定要创造额外收入来源，那就多动脑筋。所有成功事业的秘密都在于填补需求和欲望缺口。找到需求并满足它，找到问题并解决它，找到伤口并治愈它。人们会花钱购买使他们感觉良好并能解决问题的商品和服务。如果你选择的活动与你的教育背景、以前的工作经验、能力和兴趣一致，那么你成功的概率是很大的。

最后需要提醒的是：谨慎对待那些宣传注册投资诀窍研讨会、房地产研讨会、居家经商机会或网络营销运作的人和广告。他们中的绝大多数都是骗子，只会让你血本无归。引用一句赛马场上的古老谚语："当有经验的人遇到有钱的人，有钱的人获得了经验，有经验的人得到了钱。"

并非所有债务都是坏账

尽管我们不赞成消费债务，但债务从本质上看并非坏事，认识到这一点是很重要的。事实上，有时债务是一种很好的投资。用于支付房产、出租物业和教育的低息贷款可以刺激收入潜力，创业也是优质债务之一。如果无法借款，那么许多好东西都无从谈起。关键是要保持低利率，而且最好免税，只有当预期收益高于借款成本时才考虑借款。

例如，即使具有资金支付能力，住房抵押贷款仍然是更好的选择。假设住房抵押贷款的实际固定利率为5%，同时，长期平衡投资组合的年均收益率为8%。还清房贷肯定会拿回5%的年收益。但是将这笔钱用于投资8%的资产组合则会每年平均额外获得3%的收益。这笔投资于流动资产的资金既可以满足你的不时之需，还可以享受房产可能存在的增值，无论是否贷款。或者，与将一套还清贷款的房屋留给后代相比，也许你宁愿花掉这笔钱。这里存在风险吗？是，但此处的风险是经过评估的，获得胜算的可能性更大。当然，这一风险是否值得承担，由你自己决定。

埃里克·哈班（Eric Haban）是博格投资协会的成员，他会定期在论坛上发表文章，他 23 岁时曾经发表过一段很有道理的话：

> 与寻找最佳投资相比，储蓄更重要，但大多数年轻人都不明白这一点。储蓄、管理债务负担，并确定你想完成的愿景，拥有这些能力对成功至关重要。我在上周读的一篇文章指出，40% 的美国人不知道自己的收入花在了哪里。简单的储蓄加上复利的力量是一件值得开心的事情。

在成为博格投资者之前，我们三个都进行过少得可怜的投资。是多年来的储蓄习惯和学习合理的投资策略，使我们实现了财务自由。

第 3 章

你可投资的对象：
股票和债券

只买入那些就算闭市十年，你都愿意持有的股票。

——沃伦·巴菲特

在开始投资之旅之前，我们需要了解各种可购买的主流投资选择。在接下来的两章中，我们将介绍股票、债券、共同基金、对冲基金、交易所交易基金（ETFs）和年金。

虽然你可能永远不会只投资一只股票或债券，但如果打算投资共同基金，你仍然应该了解共同基金进行的潜在投资。因此，我们将尝试介绍一些可以直接投资的产品，以及可能通过共同基金投资的最佳选择。当然，我们是有偏见的。我们认为，投资共同基金是大多数投资者在大多数情况下的最佳路径（注意，我们并没有说所有投资者或所有情况）。

债券和债券基金似乎是大家最不了解的投资选择之一，我们将在这一问题上花费较多的时间。我们将尽量具体但也会避免过于专业，让你在进行投资决策时不用太费脑筋。

关于股票的投资

股票代表公司的所有者权益。公司发行股票时实际上是向每个股票购买者出售了一小部分公司的股份。向买方发行的股票所有权代表拥有的股份数量，股票发行的收益将被用于为公司的业务发展提供资金。

股票首次公开发行后，即可通过公司上市的证券交易所进行交易（买卖）。股票的销售和购买通过股票经纪人进行，经纪人从中收取佣金或手续费。股票的价值随着时间发生波动，在股票市场交易期间会对股票进行连续估价。在给定的时间内，股票的价值取决于买家的出价以及卖方愿意接受的报价。一方面，如果公司的前景向好或正在改善，买家可能愿意支付高于购买股份时支付的价格，如果在高位时抛出股票，卖家就会赚钱。另一方面，如果不得不在股价低于买入价格将其卖出，卖家就会赔钱。决定持股而非抛出的投资者期望从公司的不定期分红中获利，和／或随着公司业绩增长带来的股价上升而获利。

因为股票代表公司的部分所有权，把所有资金投资给一家公司通常并不是一个好主意，这样将会使整个投资组合的投资业绩与该公司的命运绑定。如果公司出现问题，你的股票价值将很有可能下降，公司破产可能让你失去全部投资。我们稍后将在介绍共同基金和分散投资时进行更多的讨论。

如何投资债券产品

购买首次发行的单只债券时，实际上相当于把一定数量的钱借给了债券发行人。作为借钱的回报，发行人将保证你的投资收益。此投资收益指债券的到期收益率和在未来某一特定日期的债券面值，即到期日。到期日可以是短期（一年或一年以内）、中期（2~10 年）和长期（10 年或 10 年以上）。所以，债券其实相当于借据或在到期日之前定期（通常为半年一次）支付利息的期票。

债券由实体发行，包括美国财政部、政府机构、公司和市政当局等。

国债

国债被认为是最安全的债券投资，因为国债受美国政府的充分信任和信用支持。国债包括短期国债（T-Bills）、中期国债（T-Notes）、长期国债（T-Bonds）、通胀保值债券（TIPS）和两种美国储蓄债券（EE 和 I 系列债券）。国债的利息收入免征州税和地方税。

短期国债、中期国债和长期国债

短期国债指一年以内的国债。目前，美国短期国债的发行周期为 13 周、26 周和 52 周。中期国债指 2 年、3 年、5 年和 10 年期的国债。长期国债指 10 年期以上的国债。这三类债券统称"美国国债"。

通胀保值债券

1997 年，美国财政部推出了通胀指数国债证券（TIIS），随后被投资界广泛称为通胀保值债券。顾名思义，通胀保值债券保护投资免受通货膨胀的侵蚀。我们会在第 5 章讨论通胀保值债券时再做详细介绍。

美国储蓄债券

目前，美国财政部发行两种不同类型的美国储蓄债券——EE 和 I 系列债券。这两种债券都要求至少一年的持有期，这意味着持有该债券的第一年不能兑现。一年持有期满后的第二年到 30 年内，可以随时兑现，保证本金。然而，如果在五年之内赎回，你将无法获得最后三个月的利息。

每年 5 月和 11 月，美国财政部会调整 EE 和 I 系列债券的收益率。新发行的债券将立刻执行新利率，收益率浮动的已有债券将从每半年或一年的发行日起开始执行新利率。然而，EE 和 I 系列债券的收益设置有所不同。I 系列债券将在第 5 章进行详细介绍，本章仅介绍 EE 系列债券。

1997 年 4 月至 2005 年 4 月之间购买的 EE 系列债券利息基于当前市场利率计算，为五年期国债前六个月平均收益的 90%。该利率在接下来的六个月依然有效，此模式一直持续到 EE 系列债券到期为止。

2005 年 5 月 1 日或之后购买的 EE 系列债券的利率固定，由美国财政部统一确定。财政部并不公开设置利率的公式，所以无法提前得知新利率。过去的 EE 系列债券利率随市场波动，每六个月调整一次，不同的是，新的 EE 系列债券的收益是固定的，与存款单更为相似，购买时的利率在 20 年内都保持不变。EE 债券的未来固定利率由美国财政部在每年 5 月和 11 月公布。

持有期满 20 年的 EE 系列债券最低保证收益率为 3.526%，因此在此期间其价值将保证至少翻倍。如果旧的 EE 系列债券的市场利率（五年期国债前六个月的平均收益的 90%）或新的 EE 系列债券的固定利率未保证你的 EE 系列储蓄债券价值在 20 年内翻倍，财政部将进行一次性调整，并将差额补足至你的账户。

储蓄债券的其他优势

尽管资金账户需要缴税，但购买 EE 和 I 系列储蓄债券时使用的资金按税后计算，税收递延期长达 30 年。因此，若需要使用应税账户购买债券，但不需要从所持债券中获得短期收益时，储蓄债券便是理想的投资组合选择。与其他类型的国债一样，储蓄债券免交州税和地方税。

此外，如果你需要赎回债券来支付自己、配偶或子女的教育费用，如果赎回时符合收入要求，你可以选择赎回在 1989 年之后购买的任何 EE 系列储蓄债券和所有时期购买的 I 系列债券，所有符合条件的教育费用均属于免税范围。

但是，免税教育福利具有资格限制，需储蓄债券必须登记在父母一方或双方名下。如果子女被列为拥有者或共同拥有者，则该债券不符合免税教育福利。不过，子女若被列为受益人，则该债券仍具有免税教育福利资格。我们将在第 14 章对如何睿智选择支付大学费用的方式进行深入介绍。

如何购买国债

短期国债、中期国债、长期国债和通胀保值债券都会定期标售。你可以通过多种方式购买标售国债：

1. 通过银行购买（可能收取费用）；

2. 通过经纪人购买（可能收取费用）；

3. 可以在网站上开立财政直接账户，自行购买。

注意：如需使用税收递延账户购买国债，则应通过个人退休账户（IRA）托管人购买，而不能使用上述方式。

美国储蓄债券可以在网上通过财政直接账户购买。通过财政直接账户购买的储蓄债券仅以账簿划拨方式持有，国债不发放与此有关的凭证。所以尽管在线购买和赎回储蓄债券非常方便，但只能靠自己留存纸质记录。最简单的方法是联机打印更新的账户对账单。使用财政直接账户购买或赎回储蓄债券时，财政部会直接从你的银行账户中划扣或返还资金。

政府机构证券

有多个美国政府机构发行多种可供投资者购买的抵押贷款证券，可直接购买，也可通过债券共同基金购买。此类知名机构包括美国政府国家抵押协会（Government National Mortgage Association，GNMA，又称 Ginnie Mae）、美国联邦全国抵押协会（Federal National Mortgage Association，又称 Fannie Mae）、美国联邦住房贷款按揭公司（Federal Home Loan Mortgage Corporation，又称 Freddie Mac）。设立这些机构的目的是刺激和促进美国中低收入家庭购买房产。

美国政府国家抵押协会由美国政府设立，受住房和城市发展部（the Department of Housing and Urban Development，HUD）管辖。该机构的任务是保证不动产放款抵押证券（MBS）投资者及时获得 GNMA 证券的本金和利息。GNMA 证券实际上代表投资者在重新包装的个人抵押贷款组合中的经济利益，又被称为抵押贷款支持证券。重新包装的个人抵押贷款组合将抵押贷款出售给投资者，由联邦住房管理局（Federal Housing Authority，FHA）和美国退伍军人事务部（Department of Veterans Affairs，VA）等其他联邦机构投保。

在美国政府充分信誉的担保下，GNMA 保证按时支付购买 GNMA 证券的投资人的本金和利息。然而，这种保证并不意味着投资人购买的抵押担保贷款的价值不会波动。其价值可以而且能够根据利率的变化而波动。

例如，当利率上升时，不动产所有者会继续使用成本较低的住房抵押贷款。这意味着投资低收益 GNMA 债券的投资者将不得不忍受较长时期的低利息，因为房主没有任何提前还款的经济激励。这会导致 GNMA 债券及持有此债券的 GNMA 债券基金价值降低。

相反，当利率下降时，房主倾向于筹钱偿还抵押贷款，从而结清 GNMA 证券投资者的潜在高收益。当然，这意味着 GNMA 投资者将不得不提前归还预付资金，且收益降低。同时，这也会影响 GNMA 债券和持有此债券的 GNMA 债券基金的价值。

当利率长期保持相对稳定时，GNMA 证券会呈现最好的业绩。没有利率波动时，GNMA 证券投资者将连续获得与其第一次购买此证券时的预期大致相当的收益。

美国联邦全国抵押协会和美国联邦住房贷款按揭公司将现有抵押贷款进行打包组合并转售给投资者。这些机构的证券由美国政府默认担保，但事实上这种担保并不等同于美国政府的充分信誉担保。相反，它们是由美国退伍军人事务部、联邦住房管理局等政府部门进行担保的。这些证券是对单独抵押贷款的包装组合，因此，也是一种抵押贷款证券，基本上与 GNMA 证券相似。然而，它们并不具备 GNMA 担保含有的额外保护。这略微增加了 Fannie Mae 证券和 Freddie Mac 证券的额外风险因素。因此，投资者需要意识到风险的存在，并应期望得到因任何额外风险而带来的更高收益率的补偿。

公司债券

顾名思义，公司债券是由公司因各种业务用途（规模扩张、购置新设备、引进新产品等）需筹措额外资金而发行的。公司债券的收益率主要由四个因素决定：

1. 债券发行公司的信誉；

2. 具有可比性的安全评级和期限的债券本期收益率；

3. 债券需求；

4. 债券的赎回条款。

多家评级机构（如标准普尔、穆迪和惠誉等）对公司债券发布信用评级。通常情况下，信用评级越高，债券的收益率就越低。例如，标准普尔的投资级别债券包括 AAA 级（最高等级）、AA 级、A 级、BBB 级。此外，标准普尔还使用加号（+）和减号（−）进行债券评级。BBB− 是最低级别。评级低于 BBB− 的债券被认为是投机债券，利率较高，但风险也相对较大，发行公司存在无法偿还投资者的可能。这些低评级债券被称为"垃圾债券""高收益债券"和"非投资级债券"。

市政债券

州和地方政府出售债券以支付各种政府和／或政府批准的项目。这些市政债券通常免交联邦税，在发行州也免交州税。对于生活在有地方税的城市的投资者来说，持有本地政府发行的市政债券可享受三重免税，因为此类债券收益可免征联邦、州或地方税。由于这些税收优势，收益通常低于同类应税债券的市政债券是纳税等级较高（通常是 25% 及以上）的投资者的明智选择。然而，你需要对比免税债券与其他可购买的应税债券的收益率，以找出提供最高税后收益的债券。由于投资者需要考虑的税收问题包括联邦、州甚至地方级别，本书不可能涵盖所有情况。相反，你应该向税务顾问咨询或使用在线计算器以确定市政债券是否对你有意义。

下面介绍两种在线免费计算器，可以帮助你决定哪种类型的债券或债券基金（市政或应税）会带来最大的税后收益：

1. 应税等价收益率计算器（taxable-equivalent yield calculator）；

2. 无税等值收益计算器（Tax-Free Equivalent Yield Calculator）。

如果计算结果表明市政债券可能适合你的投资组合，那需要注意的是，

一些市政债券发行需缴纳国税局的替代性最低税（AMT）。因此，如果你属于
AMT 征缴范围，在购买市政债券或市政债券基金需要仔细检查以确定你持有
需缴纳 AMT 税的市政债券是否会受到影响以及受何影响。

如果决定购买市政债券，你需要知道的是，即使债券发行人存在问题，
一些单独市政债券也已投保承诺支付利息和本金。然而，市政债券投资者应
该知道，这一保证和发行公司的财务实力挂钩。此外，一些债券由发行人的
完全税收权威支持，而其他债券只由发行债券以筹集资金的公司特定项目所
产生的收入担保。

综上所述，作为投资者，你需要意识到所有市政债券和市政债券基金都
不尽相同，与任何其他债券投资一样，你应该希望因承担的额外风险而获得
更高的收益率。

到期日和存续期

企业债券具有到期日（即向投资者返还债券本金的日期）。但债券型基金
没有到期日，因为基金会不断买入新债券以替代到期的债券。因此，一只中
期债券基金可能持有一部分长期债券、一部分中期债券和一部分接近到期日
的短期债券。因此，所有持有债券的加权平均到期期限将债券基金归类为中
期债券基金。随着时间的推移，长期债券变为中期债券，中期债券变为短期
债券，而短期债券最终到期并被新债券取代。

尽管债券基金无到期日，但确实存在帮助债券基金投资者确定某债券基
金是否适合的措施，即衡量其时间跨度和风险承受水平。该措施的术语表述
为存续期。

存续期往往以整数加小数的形式表达，如 4.3 年。多数非技术型债券和债
券基金的投资者仅使用存续期来预测某债券或债券基金在上升或下降的利率
环境下的价格波动。持续时间越长，债券或债券基金在利率变化的环境中的
不稳定性就越高。

债券和债券基金的价值波动与利率的变动呈相反方向。利率上升时，债

券和债券基金的价值降低。利率下降时，债券和债券基金价值上涨。以存续期为 4.3 年为例，如果利率上升 1%，投资者应预计债券或债券基金的价值会降低约 4.3%。相反，如果利率下降 1%，投资者应预计债券或债券基金的价值会上升约 4.3%。可将利率水平和债券价值的关系以简单的方法直观表达，即将利率和债券放在跷跷板两端，一端上升，则另一端下降，反之亦然。

债券基金投资者应该明白，尽管利率上升会导致基金的资产净值（NAV）下降，但债券基金的收益率会提高，同时，随着时间的推移，增加的收益会抵销同样因为利率上升而导致的债券价值下跌。因此，如果利率上升 1%，抵销债券价值损失的时间大约等于其原始存续期，即 4.3 年。但需要注意的是，债券基金的存续期可能会随着时间的推移而改变，所以你需要监测基金的持续时间，以确保其与你的投资回报期相匹配。

虽然我们已经讨论了债券在不断下降的利率环境中会增值，在不断上升的利率环境中则会贬值，但这些都只是"账面"收益和亏损。债券价值的收益或亏损，只有在到期日前在二级市场上出售时才能真正兑现。如果在到期日前一直持有债券，那你会获得债券到期前的息票收益率，期间不会产生任何收益或损失。只有通过赎回份额出售所持有的债券，才能获得债券基金的收益或损失。

你可以通过经纪人或共同基金公司获得债券或债券基金的当前存续期。一些基金公司在网上提供债券基金的存续期。例如，先锋集团在其网站上以表格的形式列出了每一只先锋债券基金的存续期。

选择正确的债券基金

现在，我们对债券和债券基金有了基本的了解，那么如何运用所学知识来帮助我们选择一只适合自己的债券基金呢？以下是一些可供参考的建议。

1. **寻找与你的投资时间范围相匹配的债券基金**。例如，如需在两三年内使用资金，则选择短期债券基金。基金的存续期不能长于你的投资时间范围，这一点很重要。

2. **不要追逐加息速度**。相反，只需投资一只符合你的预期特征且计划持有时间长于其存续期的基金。

3. **与你的风险承受能力相匹配**。如果担心暂时的价值损失，那你需要选择存续期较短的基金。

为什么要投资债券

债券和债券基金与股票的关联度较低（同一时间的发展走势并不一定完全相同），因此债券在个人投资资产组合中起着降低风险的稳定作用，理解这一点很重要。例如，在 2008 年的熊市中，股票型基金的亏损幅度多为 30% 至 60%，而先锋集团的债券市场指数基金却获得了 5.05% 的收益。

应该购买多少债券

决定债券投资和股票投资应该在投资组合中各占多大比重是一项资产配置决策。如何确定个人资产配置方案将在第 8 章中介绍。以下是一些可能有助于你理解的通用指导方针。

1. 博格先生认为，根据本人的年龄来确定债券持有比例是一种很好的思路。举例来说，20 岁的人将其投资组合的 20% 分配于债券投资。随着年龄增长，其投资组合中的债券部分以每年 1% 的增量相应逐渐增加，当这位投资者 50 岁时，债券在其投资组合中占比 50%。

2. 保守型投资者应增加债券的持有比例，激进型投资者则应减少债券的持有比例。

应该购买单独债券还是债券共同基金

因为持有美国储蓄债券的债券基金并不存在，因此必须将其作为公司债券购买。然而，我们讨论过的其他大多数债券投资为你提供了多种选择，既

可以购买公司债券，也可以购买持有你感兴趣类型债券的债券基金。让我们
对这两种选择的优缺点进行对比。表 3-1 展示了持有公司债券的优点和缺点，
而表 3-2 展示了持有债券共同基金的优点和缺点。

　　在对债券的讨论中，我们已经打好了知识基础。希望能够帮助你更加游
刃有余地做出债券投资选择。任何质量好、成本低的短期或中期债券基金都
很难出错。

表 3-1　　　　　　　　　　　持有公司债券的优点和缺点对比

优点	缺点
到期时本金有保证，如计划持有债券至到期日，则不会损失本金	大多数非国债的发售需通过经纪人购买，则涉及佣金问题
购买债券后无后续费用，但债券基金在购买后会产生费用	如果你雇用了银行人员或经纪人为你购买债券，他们可能会收取费用
	构建多样化的债券资产组合需要较大的投资规模，但单独债券设置的投资门槛更高
	债券分红无法进行再投资。需要寻找其他途径来对债券分红收益进行投资
	使用延税账户购买债券时必须使用账户托管，这往往会产生费用或佣金
	如果通过二级市场购买或出售债券，需要支付隐藏的加价和价差

表 3-2　　　　　　　　　　　持有债券共同基金的优点和缺点对比

优点	缺点
购买免付股票发行费的共同基金时不会产生费用	基金持有期间持续产生支付成本和费用
债券基金往往持有多种债券，从而实现了实际的多元化	债券基金不存在到期日，因此出售时不一定保证能收回全部本金
一些债券基金允许以支票支付	债券基金经理人可能会选错债券或在利率浮动方向上冒险下注

续前表

优点	缺点
可以通过设置实现债券分红的自动再投资	
大多数债券基金的投资门槛较低	
具有专业的研究和管理团队	

第 4 章

The Bogleheads' Guide to Investing | **你可投资的对象：共同基金、基金中基金、年金和交易所交易基金**

我发现，在市场走势下滑时明智地购买基金，你会在未来因此庆幸。这靠阅读是无法获得的，"现在是时候出手了"。

——彼得·林奇（Peter Lynch）

共同基金都有哪些种类

共同基金的资金来自购买有价证券的投资者。所购买的证券可以是股票、债券、货币市场工具以及其他类型的投资。共同基金的投资者实际上在基金管理者所购买的证券的潜在资金池中拥有一小部分零散权益。

共同基金受美国《1940 年投资公司法》（the Investment Company Act of 1940）的约束，大多数情况下受其经营所在州的管辖。

共同基金种类繁多。其中包括投资股票的股票共同基金、投资债券的债券基金（你猜到了）和同时投资股票和债券（又称混合型或平衡型基金）的基金。还包括货币市场基金，其目标在于每天维持稳定的 1 美元 / 份的净资产价值。

在每种类型的共同基金（股票基金、债券基金）中，有一些基金的投资目标各不相同。例如，股票共同基金包括这些基金：

1. 进取型增长基金；

2. 增长型基金；

3. 增长和收入型基金；

4. 国际基金；

5. 行业和专项基金（如 REITs，即房地产投资信托基金和医保）。

和股票型共同基金一样，债券基金的投资者具有广泛的选择。既有仅投资于投资级债券的债券基金（具有较高的安全评级），也有投资于评级低于投资级债券的高收益（垃圾）债券基金。有一些债券基金只投资美国国债，而其他基金则严格限于投资公司债。还有一些债券基金投资市政债券。

根据基金投资的债券到期日，可以选择多种不同期限的债券基金。最常见的有以下三种：

1. 短期债券基金（到期期限为 1~4 年）；

2. 中期债券基金（到期期限为 4~10 年）；

3. 长期债券基金（到期期限为 10 年或以上）。

各类型的债券基金都包含应税债券基金及免税市政债券基金。

一些共同基金可能会投资同一基金持有的股票和债券。这些基金被称为平衡型基金。然而，并非所有的平衡型基金都持有相同比例的股票和债券。例如，某平衡型基金可能持有 60% 的股票和 40% 的债券（这可能是最常见的组合），而其他平衡型基金可能只持有 40% 的股票和 60% 的债券。

共同基金的管理模式

共同基金管理模式有两种主要类型：主动式投资和指数化投资。在指数化投资管理模式中，基金将尽可能与接近某一基准的收益率保持一致，如标准普尔 500 指数、威尔希尔 5000 指数或巴克莱资本综合债券指数。指数基金经理一般不购买业绩比较基准之外的股票和债券，他们持有单独股票和债券的比例与业绩比较基准的权重一致。

主动型基金经理尝试选择能以较低风险使基金业绩超过或相似于业绩比较基准的股票和债券。由于主动投资型基金管理成本较高，主动型基金经理在超越低成本的指数基金同行中需要克服更多的障碍。虽然每年都有一些主动型基金经理的业绩都能超过同行，但从长期来看，很少有能够连续胜出的基金经理。

投资者面临的真正问题是要提前找出能够长期超越指数的主动型基金经理。这并不容易。然而，通过选择良好的低成本、积极管理的基金，如先锋集团和其他低成本供应商提供的基金，会增加成功的可能性。

阅读招股说明书。共同基金的招股说明书是查找拟投资的共同基金的目标、成本、历史业绩数据和其他重要信息的唯一最佳途径。虽然阅读招股说明书可能会占用你大量的时间，但这一步非常重要，可以帮助确定某特定基金是否符合你的投资目标（风险、收益等）。既然你计划进行长期投资（不是吗），阅读招股说明书并了解投资对象绝对值得你花费时间和精力。阅读基金的招股说明书，并了解你的投资对象，这再怎么强调都不过分！

共同基金的优势。共同基金至少有以下 10 项优势。

1. **多样化**。购买包括单只股票和债券在内的多样化投资组合所涉及的成本可能是令大多数投资者都望而却步的。然而，由于每一只共同基金都会投资大量的股票、债券或两者并存，购买共同基金会使你实现即时的投资多样化。

2. **专业管理**。无论你持有的基金是指数化基金还是主动管理基金，都有职业经理人管理。

3. **准入门槛低**。虽然每只共同基金都设立了最低申购门槛，但一些基金的最低保证投资额仅为每个月 50 美元。基金最低申购门槛更多地在 1000 美元至 3000 美元。

4. **无附加费用或佣金**。许多共同基金提供的产品不收取佣金、附加费等费用。你可以直接从共同基金公司购买基金，而不必通过经纪人或顾问。

5. **流动性**。由于开放式基金随时准备在任何开市交易日以当前资产净值（NAV）赎回你所申购的基金份额，因此无论你在任何时候出售都会有现成的买家。

6. **自动再投资**。你可以自愿将基金的股息和资本收益设置为向本基金或其他基金自动再投资。

7. **便捷**。大多数共同基金都可以通过邮件、电话或网络进行交易。你可以通过设置将任何基金的赎回或股利派发所得存入自己的银行账户。银行账户或货币市场共同基金自动购买基金和定期提取都可以通过设置实现。货币市场基金为资金再投资的空档期提供了好的选择。

8. **客户服务**。如有问题，可以联系共同基金的客户服务专员，他们会很乐意提供帮助。大多数共同基金公司为客户服务提供的延长咨询时间，远远超出正常的市场交易时间。

9. **账户变动记录**。你将定期收到记录账户所有变动的报表，在每年年底还会收到税务报告。许多共同基金甚至会为你计算税务报告信息。基金经理还会向你发送基金半年度和年度报告，其中包含与你持有的基金相关的重要信息。

10. **可选择性**。最后，基金种类众多，你总能找到适应任何投资需求的基金。

如上所述，共同基金具有很多优势。我们强烈建议大多数个人投资者选择投资共同基金。

基金中基金

为了简化投资，最近的发展趋势是投资者仅选择一只满足其所需的资产配置的共同基金即能获得良好的多元化投资组合。这些满足条件的基金会对其他共同基金进行投资，通常来自同一家公司，一般包括股票、债券和货币市场共同基金等，因此被称为基金中基金（Funds of Funds，FOF）。

其中一些基金对持有的股票、债券和现金保持的比例相对稳定，所以投资者可以在临近退休时切换成这种更保守的基金。先锋集团发行的先锋生活策略基金便是其中的范例。以下是这些基金的投资构成。

先锋生活策略成长基金的目标资产配置相当激进，其中股票占比80%，债券占比20%。此基金中基金投资于四只先锋集团发行的基金：

1. 全股市指数基金；

2. 全债券市场基金；

3. 全海外股票指数基金；

4. 全海外债券基金。

先锋生活策略保守成长基金的目标资产配置则更为保守，其中股票占比40%，债券占比60%。此基金中基金投资的四只基金与先锋生活策略成长基金相同。

在先锋策略基金系列中，还有另外两种基金提供不同的资产配置。分别为先锋生活策略温和增长基金（目标资产配置中股票占比60%，债券占比40%）和先锋生活策略收入基金（在其非常保守的目标资产配置中债券占比80%，股票占比20%）。因此，这些各种各样的基金中基金总有一种能满足你所需的资产配置。

一些基金公司最近推出了生命周期基金等产品，此类基金的资产配置会随着时间的推移自动调整为更加保守的类型。与其他基金中基金一样，投资者只需选择已经实现多样化的基金以满足目前所需的资产配置。然而，与其他股票、债券和现金占比相对固定的基金中基金不同的是，这些生命周期基金会随着时间的推移降低股票占比，并相应增加债券和现金占比。共同基金公司尝试通过推出这些生命周期基金为投资者简化投资，从而减少定期调整资产投资组合的必要性。有了这些基金，投资者就不需要随着年龄增长或临近退休而改变他们的投资组合了。其中的范例包括先锋集团推出的目标退休基金系列和富达投资集团推出的自由基金系列。

包含保险的投资：年金

年金指包含保险的投资。有多个不同品种可供选择，包括定额年金、变额年金和即期年金。

定额年金

定额年金在某些方面类似于银行存款单，但实际上是一种保险产品，根据合同中的最初投资额以特定的收益率（如 4%~6%）在特定时间段内（通常为 1~5 年）向投资者支付收益。根据发行年金债券的保险公司的合同规定，在规定时间期满之后，产品的收益率将恢复为市场利率。

大多数定额年金对客户的投资设有最低保证收益率。通常，定额年金提供短期初始利率（可能为一年），要远远高于购买银行存款单时的利率（又被称为"诱惑利率"）。然而，这些定额年金提供的高出正常利率的初始利率往往伴随着后期的"欺骗"低利率和高退保费用。你可能会以为，年金债券的退保费用与银行存款单的提前支取罚金相当。但事实上，年金债券的退保费用非常昂贵，一些发行年金的保险公司甚至会扣除退保金额的 10% 以上。退保费用通常会在年金持有期内每年减少 1%，直到最终取消。这些费用在购买年金时并不会被告知投资者，一旦初始的高利率到期，你会发现，撤回投资并不划算，即使你可以通过其他方式获得高于保险公司提供的收益。现在你明白为什么称之为"欺骗"了。

向定额年金的投资额与保险公司的运营资金混合，因此如果保险公司出现财务问题，你的资金也可能会遇到麻烦。定额年金提供延期纳税，即使买到的基金不符合条件（税后）。

变额年金

变额年金是一种允许投资多个子账户的保险合同。子账户基本上是一种含保险的共同基金。我们将交替使用这两个术语。

大多数变额年金收取退保费用，通常持续数年。所以，购买年金后，即使改变主意也无法收回全部投资金额，赎回资金时需交付退保费用。

此外，变额年金基金的费用往往比非年金基金高得多。例如，晨星公司年金数据库显示，年度总费用高于 2.5% 的变额年金子账户有近 9500 个，高于 2.75% 的多于 4500 个，高于 3% 的近 2000 个。在我们看来，这简直是不可容忍的，因为低成本且涵盖范围广泛的共同基金的年度费用仅不足其 1/15，如先锋集团的全股票市场指数基金，其年度费用仅为 0.17%。

有些保险公司发行的变额年金可能仅提供有限数量的子账户，有些公司则提供多种共同基金可供选择。你可以拥有多只基金，并在变额年金中进行基金间切换，不会产生任何税务费用。变额年金的价值取决于所投资的共同基金的业绩。

定额年金与变额年金具有一定相似性和差异性。例如，变额年金和定额年金均允许延期纳税，即使购买的是税后基金。然而，与定额年金不同的是，对变额年金的投资额与保险公司的运营资金是分开的。因此，投资资金的安全与发行年金的保险公司的财务实力并无关联。

由于变额年金已经享受了延期纳税，如果有其他选择，通常在延税退休计划中再投资年金并不划算，如 401（k）计划、403（b）计划或个人退休账户（IRA）。支付较高的变额年金费用，不会给你带来任何递延纳税的福利。这就相当于画蛇添足！

即期年金

即期年金指投资者与保险公司之间的合同。投资者将一定数额的资金付给保险公司，作为交换，保险公司将承诺在你的剩余寿命里定期支付特定金额。如果你愿意接受较小的支付数额，保险公司将保证在你和配偶生命存续期间或特定时间段内继续支付。你的寿命不可能长于支付的持续时间，即使你可以活到 100 多岁。

与定额年金相似，这些支付担保受年金发行保险公司的财务实力所支持。因此，在购买即期年金之前，检查保险公司的安全评级非常重要。你也应该知道，不同的即期年金对投资者的支付数额并不相同。所以你需要找出最划算的交易，并同时考虑各保险公司的财务实力。与定额和变额年金不同的是，即期年金没有退保费用，因为购买即期年金且开始接受付款之后，支付给保险公司的资金通常无法赎回。

由于高昂的成本和退保费用，随着更多节省税费的投资选择的出现，年金的税收福利正在失去其吸引力，并不能给消费者提供太多价值。或许可以换一种谨慎的说法，即大多数年金的出售比例很高，但购买比例很低。我们听说过一些恐怖的案例，肆无忌惮的年金推销者将具有高退保费用的不适合的年金兜售给老人，老人一般处于较低的纳税等级或无须纳税，完全不需要购买高价位的延税年金产品。其他低成本、延迟纳税和免税的投资选择还有很多，如 401（k）计划、个人退休账户、罗斯个人退休账户和其他退休计划。投资者在考虑变额年金之前应该投资这些退休计划。

在退休计划中，符合条件的分红纳税率很低，且可使投资者获得长期资金收入，在投资退休计划之后，大多数投资者完全可以从投资其应税账户的额外资金中获得较好收益，而非投资于变额年金。然而，需要指出的是，先锋集团和一些其他公司也提供低成本的变额年金，且不收取手续费或退保费用。因此，如果已经购买了高成本的变额年金，且退保费用已经过期或非常低，你可以考虑免税转移至其他低成本的年金发行公司（也被称为 1035 转移）。而且，如果你现在没有持有年金，但你认为自己应该持有，那么你肯定会选择低成本的年金，如先锋集团发行的年金。

美国证券交易委员会（SEC）提供了很好的入门知识，可在其网站查询更多关于变额年金的信息。

长期资产配置的重要品：ETFs

交易所交易基金（ETFs）基本上都是共同基金，在交易所进行交易，与股票相似。股市开市时，交易所交易基金也会持续进行买卖交易。交易所交易基金与股票的相似特点吸引了众多投资者，包括长期买入并持有的投资者以及短线交易者。也许低成本是持有交易所交易基金的最大好处。交易所交易基金的费用可能会与很多跟踪同一指数的共同基金一样低，甚至更低。

交易所交易基金可以跟踪的股票指数覆盖国内外，也有一些交易所交易基金跟踪债券指数。虽然许多交易所交易基金都跟踪某特定指数，主动管理模式的数量越来越多。

普通共同基金的价格在基金公司歇业时按资产净值（NAV）确定，一天一次。不同的是，交易所交易基金的价格与股票一样由开放的市场体系确定，在开市期间全天候波动。这就吸引了希望在白天进行交易且清楚交易具体价格的投资者。

交易所交易基金也存在一些缺点。一个缺点是，每次买卖都必须通过经纪人，这通常意味着每笔交易都会被收取佣金。持有时间越短，额外的佣金成本自然就会越高，从而抵消交易所交易基金低成本的优势。因此，交易所交易基金并不适合投资规模较小的投资者，因为每次购买都需支付佣金，佣金平摊后成本便会增加。相反，这些投资者应该坚持购买低成本的开放式指数共同基金。

另一个潜在的缺点是，每股交易所交易基金的市场价值及其标的证券的资产净值存在价差。因为交易所交易基金通过市场交易，交易金额与基金持有的标的证券之间可能存在小幅溢价或折扣。一般来说，价差范围不大，但你需要清楚这一事实。

因此，交易所交易基金可能适合一次性购买规模较大且计划长期持有的投资者。在这种情况下，一次性佣金可能会被长期节约的费用抵销。此外，交易所交易基金可能还适用于那些找不到低成本的指数基金来覆盖其感兴趣的特定细分市场的投资者。

需要注意的是，先锋集团提供低成本的交易所交易基金，且不收取佣金，因此不具有上文所述因买卖需支付佣金的缺点。

如果使用得当，低成本的交易所交易基金可以在长期投资者的资产购置和持有组合中发挥重要作用。另一方面，如果打算使用交易所交易基金作为日间交易或择时交易的工具，投资者很可能会自寻苦吃。

个人投资者的首选：低成本的共同基金

希望你现在已经对主流的投资选择以及哪种投资方式更适合自己的投资计划有了更深入的了解。你可以通过阅读其他相关资料或书籍，对这些投资进行深入探究，同时也可以从博格投资论坛开始，利用现有的互联网免费信息。

我们三人在投资生涯早期犯了一些错误，但我们从这些错误中吸取了很多经验教训。通过经验和投资者教育，随着时间的推移，我们掌握了越来越多的投资知识。最后，我们的结论是：低成本的共同基金应该是大多数投资者的投资首选。

第 5 章

The Bogleheads' Guide to Investing

抵御通货膨胀，保持你未来的购买力

掌控自己的命运，否则将受人掌控。

——杰克·韦尔奇（Jack Welch）

通货膨胀对当前资产未来购买力的破坏

通货膨胀如同黑夜里悄声而来的盗贼，在夜幕的掩盖下将我们的贵重物品偷走。盗贼偷走的是我们的有形资产，而通货膨胀却要阴险得多，因为它偷走的是我们无法真正看到的东西——未来的购买力。

如果我们现在拥有 1000 美元，十年后还是只有 1000 美元，一些投资者可能会说他们并没有任何损失。那他们就大错特错了！这 1000 美元只是一种交换介质，其价值只能通过他人能与之交换的物品或服务的数量来衡量。所以，真正重要的并不是货币的金额，而是货币购买力或未来的购买力。

通货膨胀会侵蚀我们当前拥有的货币在未来的购买力，所以我们在未来的某一天购买同样数量的商品和服务时需要花费更多的货币才能抵消通货膨胀的影响。

在第 2 章中，我们学习了复利对投资者的帮助。然而，在通货膨胀的情况下，复利会产生不利的影响。3% 的通胀率意味着一位 25 岁的投资者在 40 年后退休时，需要花费 3262 美元来购买现在仅需 1000 美元即可买到的商品和服务。如果同期的通胀率是 4%，40 年后将需要花费 4801 美元。当然，如果通胀率更高，未来购买同样数量的商品和服务所需的金钱则会随之增加。

既然我们中的一些人在退休以后还会生活 20 至 30 年，我们提到的这位 25 岁的投资者可能在 60 至 70 年里都需要应对通胀对其储蓄的未来购买力的侵蚀影响。

我们使用美国劳工统计局的通货膨胀统计数据和明尼阿波利斯联邦储备银行提供的在线计算器制作了表 5-1。此表展示了通货膨胀在不同时间段内对美国产生的影响，以及在各时间段末尾与该各时间段起点的 1000 美元购买力相等的金钱数额。

表 5-1　　　　　　　　　　通货膨胀对各时间段的影响

时间段	年限	起始年限的 1000 美元在 2005 年购买力相当的数额（美元）
1935—2005 年	70	14 255
1940—2005 年	65	13 950
1945—2005 年	60	10 850
1950—2005 年	55	8103
1955—2005 年	50	7287
1960—2005 年	45	6597
1965—2005 年	40	6200
1970—2005 年	35	5033
1975—2005 年	30	3630
1980—2005 年	25	2370
1985—2005 年	20	1815
1990—2005 年	15	1494
1995—2005 年	10	1281
2000—2005 年	5	1134

这些通货膨胀的数据发人深省，甚至有些恐怖。这些数据以相对戏剧性的方式展示了通货膨胀对我们当前资产的未来购买力所具有的巨大破坏力。我们

希望你现在能够明白自己所面临的挑战，并意识到投资不仅是为了保护本金，更具有保护甚至希望增加未来购买力的重要作用。但是，我们该如何做呢？

传统观点认为，股票应该成为战胜通货膨胀的投资选择。然而，传统观点并不提供任何担保，而且存在小公司股票（以股票价格研究中心为准）和大公司股票（以标准普尔500指数为准）的增值都未能超越通货膨胀的情况。

一些超安全的国债投资，如一个月的短期国库债券和长期的政府公债等，也存在长期内实际收益为负的情况（请记住，之前提到的实际回报指收益率减去通胀率之后的剩余数额）。在图5-1中，上方的曲线向我们展示了短期国库债券的名义年度收益（扣除通货膨胀因素之前）。这条曲线似乎会使我们以为，多年来短期国库债券一直是获利的投资。然而，从下方的曲线中可以看出短期国库债券的实际年度收益在多年内都是负值。在这些收益为负的时间里，短期国库债券投资者实际上丧失了购买力，而且这是在尚未考虑税费的情况下。

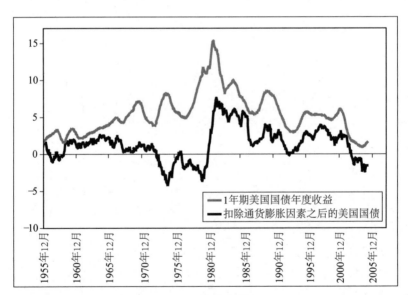

图 5-1　国库债券收益曲线

数据来源：投资组合解决方案公司

所以，投资者如何选择能担保实际收益为正的投资产品呢？美国国库债券目前提供两种可以满足这一需求的选择——通胀指数债券（I-Bonds）和通货膨胀保值债券（Treasury Inflation-Indexed Securities），又称 TIPS（Treasury Inflation-Protected Securities）。这两种债券在本书中都已有提及，现在让我们来具体探讨其工作原理。

如何投资通胀指数债券

通胀指数债券（I-bonds，I 代指通货膨胀）是美国的储蓄债券。发行者为美国财政部，以美国政府完全信用担保，这意味着通胀指数债券是没有风险的。通胀指数债券发行时的利率是固定的，保证提供与发行时的利率同等的实际收益。

通胀指数债券的收益由以下两部分组成。

1. 第一部分收益是购买时固定或实际生效的利率。此处的实际利率指除去通货膨胀因素之外获得的数额，此部分数额在债券有效期内不变（长达 30 年）。

2. 第二部分收益是根据通货膨胀调整的可变利率，每年重新计算并公布两次，时间分别为 5 月和 11 月。这一可变利率以调整日期前六个月的通货膨胀率为基础，以美国消费价格指数（CPI-U）衡量。

将这两部分相加（固定利率和根据通胀调整的可变利率）即可得出公布日期之后六个月的实际支付利率。例如，如果发行通胀指数债券时担保的实际收益为 1.2%，购买之前公布的通货膨胀率为 3%，则持有通胀指数债券半年之后将得到 4.2% 的收益（1.2% 的固定利率加上 3% 的通胀率）。接下来，如果第一个半年期间的通胀率上升到 4%，第二个半年期间收益率会随之变成 5.2%（1.2% 的固定利率加上 4% 的通胀率）。每年重新计息两次，这种模式将保持 30 年，除非你在此之前赎回债券。

因此，既然债券的实际收益取决于通胀率与通胀指数债券的固定利率之和，债券的税前收益则会保证与通胀持平或更高。

　　这种情况下唯一的缺点是，政府不仅会得到我们的一部分实际收益，还能从通胀指数债券收益的通胀部分受益，因为这两部分都属于美国国税局的征税范围。因此，一些购买了通胀指数债券的投资者有可能获得的实际回报率非常低，待到他们成为高缴税群体且进行提现时，购买力有可能比最开始的还要低。不过，因为通胀指数债券的递延纳税时间长达 30 年，很多投资者应该能够等到退休后属于低缴税群体时再进行提现。

　　接下来，我们以图表的形式展示通胀指数债券的固定利率、纳税等级和不同通货膨胀率相互作用的不同情况。表 5-2 显示了通胀指数债券在不同纳税等级人群中扣除通货膨胀影响后的税后消费能力。我们将两种债券的业绩进行了对比，其发行固定利率分别为 1%（见表 5-2 上半部分）和 1.5%（见表 5-2 下半部分）。示例中使用的通货膨胀率为 2%。

　　从表 5-2 中可以看出，除纳税等级最高（35%）、持有固定税率为 1% 的通胀指数债券期限为五年的人群之外，其他所有纳税等级人群和债券持有期限都产生了实际税后正收益。当然，投资者的纳税等级越低，税后实际收益越高，因为政府征税变少意味着自留金额更多。从表 5-2 中还可以看到，固定税率为 1.5% 的通胀指数债券甚至在纳税等级最高和持有期最短的人群中都产生了实际税后正收益。

　　表 5-3 既展示了通货膨胀率调整为 4% 之后相同的通胀指数债券业绩，也展示了在通货膨胀率更高的背景下，税收对纳税等级更高的人群造成的损失。以固定利率为 1% 的通胀指数债券为例，即使持有期长达 30 年，纳税比例分别为 33% 和 35% 的群体仍然无法获得实际正收益。若固定利率为 1.5%，纳税等级较高的群体需至少持有债券 15 年才能获得税后实际正收益。

　　在表 5-4 中，我们将通胀指数债券的固定利率分别增加至 1.8% 和 2%，通货膨胀率仍为表 5-3 中的 4%，以进一步对比债券利率的影响。

　　在更高的固定利率背景下，即使通胀率为 4%，通胀指数债券仍然能够超出税收费用，除仅持有 1.8% 利率债券 5 年，纳税等级 35% 的投资者之外，其他所有纳税等级群体和持有范围均能获得税后正收益。

表 5-2 通货膨胀率为 2% 的背景下固定利率分别为 1% 和 1.5% 的 1000 美元通胀指数债券在不同持有期限后的实际税后收益

纳税等级	固定利率	通胀率	5年（美元）	10年（美元）	15年（美元）	20年（美元）	25年（美元）	30年（美元）
10.00%	1.0%	2%	1036	1074	1116	1161	1210	1261
15.00%	1.0%	2%	1028	1060	1095	1134	1176	1222
25.00%	1.0%	2%	1014	1032	1054	1080	1110	1143
28.00%	1.0%	2%	1010	1023	1042	1064	1090	1119
33.00%	1.0%	2%	1002	1009	1021	1036	1056	1080
35.00%	1.0%	2%	999	1004	1012	1026	1043	1064
10.00%	1.5%	2%	1059	1123	1195	1272	1357	1450
15.00%	1.5%	2%	1050	1107	1170	1239	1316	1400
25.00%	1.5%	2%	1033	1073	1119	1173	1233	1300
28.00%	1.5%	2%	1028	1063	1104	1153	1208	1270
33.00%	1.5%	2%	1020	1046	1079	1119	1166	1220
35.00%	1.5%	2%	1016	1039	1069	1106	1150	1200

表 5–3　通货膨胀率为 4% 的背景下固定利率分别为 1% 和 1.5% 的 1000 美元通胀指数债券在不同持有期限后的实际税后收益

纳税等级	固定利率	通胀率	5 年（美元）	10 年（美元）	15 年（美元）	20 年（美元）	25 年（美元）	30 年（美元）
10.00%	1.0%	4%	1026	1058	1094	1135	1181	1230
15.00%	1.0%	4%	1015	1037	1064	1098	1136	1179
25.00%	1.0%	4%	992	994	1005	1022	1046	1076
28.00%	1.0%	4%	985	981	987	1000	1020	1046
33.00%	1.0%	4%	974	960	957	962	975	995
35.00%	1.0%	4%	970	952	945	947	957	974
10.00%	1.5%	4%	1049	1106	1171	1244	1325	1414
15.00%	1.5%	4%	1036	1082	1137	1200	1272	1352
25.00%	1.5%	4%	1011	1034	1069	1113	1167	1230
28.00%	1.5%	4%	1004	1020	1048	1087	1135	1193
33.00%	1.5%	4%	991	996	1014	1043	1082	1131
35.00%	1.5%	4%	986	987	1000	1025	1061	1107

表 5-4　通货膨胀率为 4% 的背景下固定利率分别为 1.8% 和 2% 的 1000 美元通胀指数债券在不同持有期限后的实际税后收益

纳税等级	固定利率	通胀率	5 年（美元）	10 年（美元）	15 年（美元）	20 年（美元）	25 年（美元）	30 年（美元）
10.00%	1.8%	4%	1063	1136	1220	1314	1420	1537
15.00%	1.8%	4%	1049	1110	1183	1266	1362	1469
25.00%	1.8%	4%	1023	1059	1109	1171	1246	1332
28.00%	1.8%	4%	1015	1044	1087	1143	1211	1291
33.00%	1.8%	4%	1001	1018	1050	1095	1153	1223
35.00%	1.8%	4%	996	1008	1035	1076	1130	1196
10.00%	2.0%	4%	1072	1156	1253	1363	1486	1625
15.00%	2.0%	4%	1058	1130	1214	1313	1425	1551
25.00%	2.0%	4%	1022	1060	1114	1182	1264	1361
33.00%	2.0%	4%	1008	1034	1075	1131	1202	1288
35.00%	2.0%	4%	1003	1023	1059	1111	1178	1259

希望上述对通胀指数债券的作用模式的介绍足够清楚。通胀指数债券的固定利率越高，投资者的纳税等级越低，债券持有期限越长，所得的税后实际收益就越高。如果固定利率较低或甚至为零，通货膨胀率居高不下，持有期限短、纳税等级高，则投资者实际获得的税后收益更容易为负值。然而，有时即使固定利率为零，通胀指数债券也可能比其他无风险的投资选择有更好的税后收益。

即使过去发行的通胀指数债券的固定利率曾高达 3.6%，但我们不应该指望固定利率在短期内大幅增加。表 5-5 清楚地显示了通胀指数债券的固定利率呈下降趋势。如果财政部将固定利率增加到值得投资的程度，那么许多投资者会赎回当前持有的低收益债券，收回全部本金，缴纳应付税款，然后再投资新的高收益债券。由于财政部也意识到了这一点，我们可能不得不在相当长的一段时间内面对较低的通胀指数债券收益率。

表 5-5　　　　　　　　　通胀指数债券的历史收益率

日期	固定利率	日期	固定利率	日期	固定利率
1998.9.1	3.40%	2003.11.1	1.10%	2009.5.1	0.1%
1998.11.1	3.30%	2004.5.1	1.00%	2009.11.1	0.3%
1999.5.1	3.30%	2004.11.1	1.00%	2010.5.1	0.2%
1999.11.1	3.40%	2005.5.1	1.20%	2010.11.1	0%
2000.5.1	3.60%	2005.11.1	1.00%	2011.5.1	0%
2000.11.1	3.40%	2006.5.1	1.4%	2011.11.1	0%
2001.5.1	3.00%	2006.11.1	1.4%	2012.5.1	0%
2001.11.1	2.00%	2007.5.1	1.3%	2012.11.1	0%
2002.5.1	2.00%	2007.11.1	1.2%	2013.5.1	0%
2002.11.1	1.60%	2008.5.1	0%	2013.11.1	0.2%
2003.5.1	1.10%	2008.11.1	0.7%	2014.5.1	0.1%

如何投资通胀保值债券

通胀保值债券（TIPS）为投资者提供了另一种由美国财政部发行的通胀保护选择。和财政部设置固定利率的通胀指数债券不同，通胀保值债券的承诺利率在国债拍卖时由市场决定。因为这种债券是一种有价证券，通胀保值债券提供给我们的投资选择要多于通胀指数债券：

1. 通过美国国债拍卖购买；

2. 通过二级市场购买；

3. 投资通胀保值债券基金，如先锋集团的先锋通胀保值证券基金（VIPSX）或富达投资集团的通胀保值证券基金（FINPX）。

如果你希望从通胀保值债券中得到有担保的通胀保护，且不希望本金承担风险，那么最佳选择是通过国债拍卖购买债券并持有至到期日，因为其他两种选择存在本金损失的风险。然而，对于许多投资者来说，共同基金的灵活性和收益足以弥补可能存在的本金损失风险，与任何其他债券共同基金相似。

选对投资账户很重要

通胀保值债券的承诺利率通常高于通胀指数债券的固定利率。因此，如果你的税收递延账户尚有空间，就应该将其用于投资通胀保值债券，因为你不需损失本金即可获得延税的通胀保护。但前提是你需要通过国债拍卖购买且持有至到期日。如果通过二级市场购买或出售，还可能面临实际收益波动的风险。

如果税收递延账户已经无法购买通胀保值债券，且投资者处于较低的纳税等级，则通胀保值债券的承诺利率和通胀指数债券的固定利率之间依然具有较大差距，将延税账户中的原有债券替换为通胀保值债券可能会提供比收益低的通胀指数债券略高的回报。

在应税账户中持有通胀保值债券的主要缺点在于，你必须每年为一些到期日才能获得的收入纳税。这就是它又被称为幽灵收入的原因。但另一方面，如果居住地的个人所得税税率较高，则应税账户中的通胀保值债券不受国家和地方税管辖，每笔应税账户提取都会受到你所在州的所得税管辖。因此，你需要自己计算哪种更划算。

记住，在通胀保值债券中，你会每半年收到一次根据通胀调整的票面价值所产生的固定收益。对本金的通胀调整同样适用，但这部分资金只有在债券到期时才能得到。因此，通货膨胀率越高，纳税等级越高，对实际已得的收入部分和实际尚未得到的通胀调整部分应支付的税额就越高。同时，当通胀保值债券的固定利率较低时，在通胀率较高的年份应交的税费甚至可能高于实际获得的收益，如果你处于高纳税等级，这种现象则更为严重。

在表 5-6 中，我们比较了 1% 固定利率的 1000 美元税收递延通胀指数债券和 1.5% 固定利率的 1000 美元 10 年期通胀保值债券，使用应税账户通过国债拍卖购买且持有至到期日。通货膨胀率设定为 4%。

正如表 5-6 所示，在每个纳税等级，固定利率为 1.5% 的应税通胀保值债券都超过了固定利率为 1% 的税收递延通胀指数债券。十年期满后，超出的收益范围从 8 美元到 37 美元不等。

投资通胀保值债券的注意事项

表 5-6 中的对比存在一些注意事项。首先，如果你通过经纪人购买而非通过国债拍卖购买，则扣除经纪人费用之后，通胀保值债券的实际业绩可能低于通胀指数债券。

此外，表 5-6 中统计的通胀保值债券的收益数额假定你支付年度税费后可以将剩余的半年收益以相等的利率进行再投资，但这并不一定现实。最后，通胀指数债券在一年期满后可以随时兑现且不损失本金，而通胀保值债券必须持有至到期日再兑现才能保证不损失本金。因此，对一些投资者来说，通胀指数债券的灵活性可能会抵消利率略低的劣势。

表 5-6　1% 固定利率的 1000 美元通胀指数债券和 1.5% 固定利率的 1000 美元 10 年期通胀保值债券的税后实际价值对比

税率	通胀率	1% 固定利率的 1000 美元 10 年斯通胀指数债券的税后实际价值（美元）	1.5% 固定利率的 1000 美元 10 年期通胀保值债券的税后实际价值（美元）
10.00%	4.00%	1058	1095
15.00%	4.00%	1037	1067
25.00%	4.00%	994	1012
28.00%	4.00%	981	996
33.00%	4.00%	960	970
35.00%	4.00%	952	960

通胀指数债券与通胀保值债券的对比

在小于或等于 9% 的不同通货膨胀率的背景下，有时通胀指数债券的业绩高于通胀保值债券，有时却恰恰相反。然而，1% 固定利率的通胀指数债券和 1.5% 固定利率的 10 年期通胀保值债券之间的差距始终小于 50 美元，不论哪种业绩更高。所以，对比 1% 固定利率的通胀指数债券和 1.5% 固定利率的通胀保值债券实际上都无法得出有价值的结论。

接下来，我们在表 5-7 中比较了 1% 固定利率的通胀指数债券和 1.75% 固定利率的 20 年期通胀保值债券，使用应税账户通过国债拍卖购买且持有至到期日。通货膨胀率同样设定为 4%。

表 5-7　1% 固定利率的 1000 美元通胀指数债券和 1.75% 固定利率的 1000 美元 20 年期通胀保值债券的税后实际价值对比

税率	通胀率	1% 固定利率的 1000 美元 20 年期通胀指数债券的税后实际价值（美元）	1.75% 固定利率的 1000 美元 20 年期通胀保值债券的税后实际价值（美元）
10.00%	4.00%	1135	1252
15.00%	4.00%	1098	1185

续前表

税率	通胀率	1% 固定利率的 1000 美元 20 年期通胀指数债券的税后实际价值（美元）	1.75% 固定利率的 1000 美元 20 年期通胀保值债券的税后实际价值（美元）
25.00%	4.00%	1022	1062
28.00%	4.00%	1000	1027
33.00%	4.00%	962	972
35.00%	4.00%	947	951

从表 5-7 中可以看到，对于纳税等级最低的人群，更高的固定收益率（1.75%）使得应税的通胀保值债券的实际价值比收益较低的通胀指数债券高 117 美元。虽然对于规模较小的投资来说，在 20 年的期限中仅超出 117 美元似乎并没有太大差别，但对于投资规模为 50 000 或 100 000 美元的人来说，总差别就会具有更大的意义。从表 5-7 中还可以看出，对于纳税比例为 33% 和 35% 的投资群体来说，应税的 20 年期通胀保值债券的实际价值比通胀指数债券分别高 10 美元和 4 美元。在这种情况下，不论出于何种意图，应税账户的通胀保值债券和通胀指数债券实际上对纳税等级较高的投资者都没有太大差别。

正如本章所述，通胀指数债券和通胀保值债券可以帮助投资者保护其当前资产的未来消费能力。

第 6 章

The Bogleheads' Guide to Investing | **攒多少钱才能过上理想的退休生活**

> 你真的不需要在 60 岁之前开始储蓄退休后的费用。你只需要每年将收入的 250% 存起来，就能在 70 岁时过上舒适的退休生活。
>
> ——约翰逊·庞德（Jonathan Pond）

如何回答储蓄需求的问题可能是大多数投资者在努力为退休做准备时最关切的事情。一些（也许是大多数）投资者完全不知道从何下手。他们只是希望并祈祷船到桥头自然直，并且能在某种程度上享受舒适的退休生活。然而，因为他们不知道需要多少钱才能维持舒适的退休生活，所以总会有一种感觉在他们的头脑里挥之不去，那就是他们存的钱可能不够多。毋庸置疑，这会使他们担心完成退休目标的途径可能并不正确。

在本章中，我们将提供一些可用于退休计划制订的有益指导方针和工具。虽然结果可能并不精确，但这些工具和指导方针将帮助你更清楚退休时需要多少钱才能保证自己的财务安全。

决定退休时的财务安全的因素

以下因素可以帮助我们确定攒多少钱才能达到梦想中的退休生活标准：

1. 储蓄规模。很明显，储蓄得越多，退休后就能过得越好。

2. 现在的年龄。这有助于确定我们进行储蓄和投资的年限，以及我们为退休所做的投资能够起作用的时间。当然，越早开始储蓄和投资，实现目标的机会就越大，这要归因于复利在更长的年限中所起的作用。

3. 计划退休年龄。

4. 依靠退休账户生活的时间，这取决于我们的预期寿命。

5. 打算留下遗产还是只想确保在生命结束之前有够用的钱。

6. 投资预期回报率。

7. 储蓄期间的通货膨胀率。

8. 退休之前是否有机会获得遗产。

9. 其他退休收入来源，包括养老金、社保、反向抵押贷款和兼职收入。

虽然其中一些变量很容易确定（如当前的年龄和积蓄），但许多其他因素都更难以敲定。

退休年龄

对一些人来说，计划退休的年龄在很大程度上取决于何时攒够了退休后使用的钱。其他人可能会因为对工作或职业的热爱而倾向于尽可能延长工作年限。如果你不确定，一种简单且明智的方法是选择有资格申请全额社会保障福利的时间（假设你相信到时还存在这种社保的话），或者具备退休金提取资格的起始时间。

退休时限

在为退休做计划时，许多投资者都将 65 岁作为退休年龄，然后为退休后预留 25 年左右的时间。然而，随着医学的不断改进，普通人的寿命越来越长，我们认为，对于那些在计划中更保守的投资者来说，为退休后预留 30 年可能会更加谨慎。积蓄多一些总比不够用要好得多。然而，每一个投资者最终都不得不根据自身的基因和重要因素来选择他们认为最合适的退休时限。

留下遗产

是否打算留下遗产属于私人问题。考虑这个问题时，需要记住，你的首要任务是积累足够的钱来照顾自己和配偶（如果已婚）剩下的生活。只有当你确定可以完成这一任务之后，才能考虑是否留下遗产。如果你够幸运，收入足以满足当前的全部需求，包括子女的教育费用、退休需求和遗产等，这自然是好事。如果没有，那么你需要首先集中精力寻找途径积攒足够的钱来满足自己的需求，因为你不能靠借钱来维持退休后的生活。

在目睹父母如何为他们辛勤工作和牺牲后，大多数孩子都希望父母在退休之后安度晚年，如果知道遗产以牺牲父母退休后的幸福为代价，他们肯定不会接受。记住，你能给子女的最好礼物是在老年时保持经济独立，从而确保不会成为子女的经济负担。

估算未来收益

对许多投资者来说，估算投资组合的未来收益似乎是不可能完成的任务。我们在估算需要为退休准备的大致资金规模时需要输入很多变量，而估算未来收益是我们将要面临的最大难题。因此，我们将在讲解这个问题上花更多的时间。

如果有一个清晰的水晶球，我们可以用它来轻松（且准确地）提前知道未来的投资回报率。但是，由于水晶球大多是模糊的，我们将不得不寻找其他方法来进行有效估算。但是，寻找其他方法可能是任务中最难的部分，尤其是当你不知道从何处开始时则会更难。然而，对投资组合的预期回报得出最精确的估算值得我们花费时间和精力，因为它会对计算产生巨大的影响。我们都听说过"无用输入会带来无用输出"这句话，此处同样适用。

幸运的是，与寄希望于模糊的水晶球或掷骰子相比，还有更好的方法可以得到合理的投资组合收益率。

理查德·费里（Richard Ferri）是博格投资论坛的定期撰稿人、作者、投资组合解决方案公司的注册金融分析师，他制作了一份30年市场预测，并慷慨地允许我们与读者分享。这份预测可以通过网站在线浏览。

理查德通过分析经济和市场风险因素得出估算收益数据，其中包括美联储预测，从通胀保护债券中得出的通胀预期，以及资产类别和模式的波动。

你可以以理查德的市场收益预期数据为指导，以自身投资组合对单独资产等级和类别的持有比例为基础来估算其预期收益。虽然这并不一定完全准确，但这些数字涉及了大量工作，因此这是一个很好的起点。显然，你必须不时关注所得到的实际收益，并将其与预期收益进行比较。你甚至可能需要随时进行调整，无论是对资产分配，或是对达到预期目标所需的储蓄金额。不过，你至少已经得出了一些可以进行下一步估算的合理的有效数据。

表6-1展示了理查德的一部分估测数据，可能对你开始计算投资组合的预期收益时有所帮助。该表包含预期总收益和预期实际收益（总收益减去通货膨胀部分）。通货膨胀率设定为2%。

你可以将这些预期总收益数据代入自己的投资组合的相应比例中。

例如，如果在你的投资组合中，美国大盘股占比30%，小盘股占比10%，海外发达国家股票占比20%，房地产投资信托基金占比10%，中期高评级公司债券占比30%，则预期收益计算方法如下：

1. 美国大盘股预期收益＝2.1%（30%×7%）。

2. 美国小盘股预期收益＝0.73%（10%×7.3%）。

3. 海外发达国家股票预期收益＝1.48%（20%×7.4%）。

4. 房地产投资信托基金预期收益＝0.7%（10%×7%）。

5. 中期高评级公司债券预期收益＝1.38%（30%×4.6%）。

表 6-1	预期收益表		
资产类别	预期总收益	通胀率	预期实际收益
短期国债	2.1%	2%	0.1%
中期国债	3.9%	2%	1.9%
中期高评级公司债券	4.6%	2%	2.6%
美国大盘股	7.0%	2%	5.0%
美国小盘股	7.3%	2%	5.3%
美国小型价值型股票	8.0%	2%	6.0%
房地产投资信托基金	7.0%	2%	5.0%
海外发达国家股票	7.4%	2%	5.4%

数据来源：投资组合解决方案公司

因此，在这个例子中，投资组合的预期收益率为 6.39%（2.1% + 0.73% + 1.48% + 0.7% + 1.38%）。

如果你认为这些预期数据偏低，尤其是你可能在先前的牛市中获得了非常高的收益，那么你很有可能受到了近期偏差的影响（将最近发生的事件投射到未来）。为了克服近期偏差，你需要知道并了解市场力量的强大吸引力作用，即均值回归（RTM）。

虽然均值回归并不是必然事件，但通常在一段时间内跑赢大盘的各资产类型都可能在另一段时间内表现不佳。例如，1993 年至 2012 年，市场中的新兴市场部分的波动率在近 11 年中处于或接近高位，在接下来的八年里却处于或接近谷底。你可以在网络上搜索查询卡伦资产类别业绩表，从中获得较好的直观效果。希望这可以解决任何近期偏差，接下来我们开始讨论下一个问题：通货膨胀。

通货膨胀

第 5 章中刚刚讨论了通货膨胀，你应该已经意识到通货膨胀侵蚀了当前资产的未来消费能力，因此在测算时需要考虑通货膨胀因素。否则，我们很可能会在退休时因为无钱可用而显得捉襟见肘。你可以选择自己认为合适的通胀率，如果不确定，以下数据可供参考，在很长一段时间内（1914—2013年），美国的通货膨胀率平均为3.22%。1964年至2013年，通货膨胀率平均为4.18%，而2004年至2013年的平均通货膨胀率为2.47%。虽然总有一段时期的通货膨胀率会高于或低于平均水平，但这些数字可以为你提供一个良好的开端。

遗产

如果你寄希望于获得遗产来资助退休生活的主要支出，那这种想法对你的财务安全是非常危险的，明白这一点很重要。如果你的父母需要待在长期护理机构的时间长于预期，那你希望得到的遗产很可能并不存在。或者你可能会发现当自己退休时，父母还非常健康，完全没有离开人世的迹象。因此，对大多数投资者来说，我们不建议在最初的计划中考虑任何预期遗产。相反，如果后来你确实得到了遗产，完全可以把它当作一笔意外之财。如果你真的得到了意外财产，而且你计划使用其中的部分或全部来满足自己的退休生活支出，那么你可以根据这些新资金重新计算自己到时的退休需求。

其他收入

最终的变量还包括社会保障、养老金、兼职工作、缩减规模时的房屋出售、反向抵押贷款等所有收入来源。如果你通过出售生意或农场而收到分期付款，那这笔钱也属于其他收入。所有这些不同的收入来源可以用来帮助支付退休后的日常生活费用。这些来源的收入将减少你需要从投资组合中提取的资金数量，需要提取的越少，需要储蓄的就越少。

你要攒多少钱才能退休

我们已经探讨了储蓄需要考虑的输入变量，那么是时候应用所学的知识并尝试回答这个问题："我需要攒多少钱？"

互联网上有各种各样免费使用的财务计算器。一些需要输入投资组合的预期收益，还有一些则使用假设的收益率。这就是为什么了解投资组合的预期收益非常重要，即使所用的计算器内设了预期收益率。请记住，计算器使用的假设数据可能与你用本章上述方法计算出的投资组合的预期收益数据完全不同。因此，重要的是，尽量使用允许自行输入预期收益数据的计算器，或所用的假设数据与预期数据更吻合的计算器。

www.bloomberg.com 等网站提供的计算器会使用你当前的资产组合价值和年度投资金额来计算你退休时可获得的预期总价值。因此，如果你已经计算出了需要储蓄的金额，这个计算器将在考虑你的当前年龄、退休年龄、当前资产组合价值和预期收益率的情况下，帮助你判断是否能够如愿达到这一目标。

www.bankrate.com 等网站提供的计算器则会告诉你当前需要投资多少才能达到未来的目标，假设你有一次性付款能力且在一段时间之内不动用这笔投资。这种计算方法尤其适合那些得到一笔意外之财且计划将其投资以备退休需求的人，并且能够帮助你确定自己当前的储蓄规模是否不需额外投资就能达到退休后的生活目标。

重要的是，你要明白这些计算器的区别，有些计算器允许你输入预期的通货膨胀率，而另一些则会使用假设通货膨胀率，但你可能并不认同。有些计算器提供的结果为根据通货膨胀调整后的数值，而其他计算器则会提供当前数额，你需要留出通货膨胀的调整空间。

网络上提供的一些在线计算器非常简单。输入界面使用了我们在上文讨论过的一些变量，如图 6-1 所示。

输入值	所需年度收入（当前货币价值）
输入值	退休前剩余年限
输入值	退休后寿命时限
输入值	年度通货膨胀率
输入值	年度资产收益率（固定利率）
运算结果 ▼	

图 6-1　退休所需存款在线计算器

我们使用不同的预期收益率（5%、6%、7% 和 8%）进行了大量的计算，并在下文的计算结果中分别以五年为单位修改了退休前的剩余年限。我们将乘数——年收入（当前币值）固定为 1000 美元，"年度通胀率"固定为 3%，"退休后寿命时限"固定为 30%（如果退休后的寿命时限为 25 年，而非我们在计算中使用的 30 年，则所需金额自然会有所减少）。

我们建议你不要将这些数据视为模板，而是将其当成开始个人规划时可以使用的大致数据。事实上，在线计算器的计算结果都会同时提供注意事项，这是所有人都应该知道的。注意事项中通常会指明：**计算器仅供参考使用。我们并不保证计算结果的准确性。在做个人财务决策之前，务必咨询你的会计师或专业顾问。**

我们在进行运算时考虑了这些参数和注意事项，结果见表 6-2~ 表 6-7。结果指向每 1000 美元对应的退休所需收入。要得出需要累计的总金额，只需找到与退休前剩余年限相对应的表，并使用与你的预期年度收益率相近的数据即可。然后将该数据乘以退休时需要提取的金额（以千美元为单位）。

例如，以 5 年后退休的人为例，使用 7% 的年度资产组合预期收益率。从表 6-2 中可以看出，年度收益率为 7% 的人在退休后的每 1000 美元收入需要现在储蓄 21 122 美元，不包含预计获得的养老金、社会保障和任何其他收入来源。因此，如果某人需要每年从退休基金中支取 30 000 美元，那他将需要在退休时积累大约 633 660 美元（21 122 美元 ×30）。

表 6–2	5 年后退休	单位：美元
所需收入金额（当前币值）		1000
所需收入金额（未来币值）		1159
年度收益率为 5% 时，你大致需要（每千美元）		26 681
年度收益率为 6% 时，你大致需要（每千美元）		23 650
年度收益率为 7% 时，你大致需要（每千美元）		21 122
年度收益率为 8% 时，你大致需要（每千美元）		19 000

表 6–3	10 年后退休	单位：美元
所需收入金额（当前币值）		1000
所需收入金额（未来币值）		1344
年度收益率为 5% 时，你大致需要（每千美元）		30 931
年度收益率为 6% 时，你大致需要（每千美元）		27 417
年度收益率为 7% 时，你大致需要（每千美元）		24 487
年度收益率为 8% 时，你大致需要（每千美元）		22 027

表 6–4	15 年后退休	单位：美元
所需收入金额（当前币值）		1000
所需收入金额（未来币值）		1558
年度收益率为 5% 时，你大致需要（每千美元）		35 857
年度收益率为 6% 时，你大致需要（每千美元）		31 784
年度收益率为 7% 时，你大致需要（每千美元）		28 387
年度收益率为 8% 时，你大致需要（每千美元）		25 535

表 6–5	20 年后退休	单位：美元
所需收入金额（当前币值）		1000
所需收入金额（未来币值）		1806

续前表

年度收益率为 5% 时，你大致需要（每千美元）	41 568
年度收益率为 6% 时，你大致需要（每千美元）	36 847
年度收益率为 7% 时，你大致需要（每千美元）	32 908
年度收益率为 8% 时，你大致需要（每千美元）	29 602

表 6-6	25 年后退休	单位：美元
所需收入金额（当前币值）		1000
所需收入金额（未来币值）		2094
年度收益率为 5% 时，你大致需要（每千美元）		48 189
年度收益率为 6% 时，你大致需要（每千美元）		42 715
年度收益率为 7% 时，你大致需要（每千美元）		38 150
年度收益率为 8% 时，你大致需要（每千美元）		34 317

表 6-7	30 年后退休	单位：美元
所需收入金额（当前币值）		1000
所需收入金额（未来币值）		2427
年度收益率为 5% 时，你大致需要（每千美元）		55 864
年度收益率为 6% 时，你大致需要（每千美元）		49 519
年度收益率为 7% 时，你大致需要（每千美元）		44 226
年度收益率为 8% 时，你大致需要（每千美元）		39 782

接下来，我们使用表 6-7 来计算 30 年后退休，且年度预期收益率为 8% 的人的需求。如果此人需要每年从退休计划资金中支取 30 000 美元，那他需要在退休日期前预留约 1 193 460 美元（39 782 美元 ×30）。

我们可以从这些表中看到，较高的预期收益率明显降低了每 1000 美元对应的所需金额，但这些较低的数据假定整个 30 年的退休生涯中预期收益率保持不变。在现实中，年轻的投资者往往更积极，其投资组合中持有股票的比例较高。因此，他们应该期待这种额外风险带来更高的收益率。然后，随着年龄的增长，越来越接近退休年限时，我们的投资风格就会趋于保守。这意味着我们将承担更少的风险，降低投资组合中的股票占比，增加债券比例，所以应该期待较低的收益率。因此，应该不时地重新使用计算器，并调整输入变量，以更明确我们在回答"需要储蓄多少钱"这一问题时所处的阶段。

第 7 章

The Bogleheads' Guide to Investing

保持简单：让指数投资成为你投资组合的核心

投资游戏与任何其他行为有很大区别。大多数人无法达到在长期相关经验中得到锻炼的人的平均水平。而我们不需经验即能与普通投资者能力相当。

——杰里米·西格尔（Jeremy Siegel）
美国宾夕法尼亚大学沃顿商学院金融系教授
《长期股票投资》（*Stocks for the Long Run*）作者

威廉·伯恩斯坦（William Bernstein）是《投资的四大支柱》（*The Four Pillars of Investing*）这本卓越书籍的作者。他在书中写道："股票经纪对客户的服务方式如同雌雄大盗邦尼和克莱德抢银行一样。"尽管大多数都不会公开承认，绝大多数的股票经纪人、基金经理、投资产品销售员和基金经理并不值得聘请。事实上，他们中的大部分人从客户身上获得了大量财富。不止一个经纪人说过："我们将千万富翁打造为百万富翁。"

这是什么意思呢？你以为理财顾问帮你挣了钱？我们真的希望这是事实。尽管你使用的被动型投资策略极其简单、无须动脑，但从长期来看至少有70%的把握超过所有的专业财务经理人。如果把时间范围扩大到20年，被动投资的业绩会超过90%的主动管理型基金。原因在于这种被动式管理可以使更多的钱为你自己服务，这意味着经纪人、投资公司、共同基金经理、理财经理和政府得到的钱将会变少。这听起来好像太过美好而难以置信，但这是真的，它具有充分的实践经验支撑。

千万不要将你的生活经验用在投资上

通过教育和经验，大多数人学习生活原则并通过实践让自己从中获得帮助。例如：

1. 不要满足于平均水平。努力成为最佳。

2. 倾听直觉。内心的呼声往往是正确的。

3. 如果你不知道某件事该怎么做，学会问别人。向专家请教，或雇用一位专家来处理这件事。这会为你省去很多时间和烦恼。

4. 种瓜得瓜，种豆得豆。好帮手不便宜，便宜的不是好帮手。

5. 遇到危机，采取行动！努力去解决它。

6. 历史是不断循环的。未来业绩的最佳预测指标是过去的业绩。

猜猜怎么着？把这些原则运用到投资上就注定会让你变得更穷。作为一名投资者，你只要可以满足于略低于指数收益率，就能远高于平均水平。凭直觉行事是你能做得最糟糕的事情。虽然有时雇用专家需要付出金钱，但你因此得到的可能比你付出的少。采取行动来解决感知到的投资危机通常只能得到令人失望的回报。根据历史收益来挑选明天的高性能投资或理财经理人是另一种失败的策略。投资界具有一套全新的规则，想要成功需要按这些新规则行事。

根据美国著名金融市场研究机构达尔巴公司（Dalbar）的研究，在 1993 年至 2012 年，标准普尔 500 指数的年均收益率为 8.21%。然而，同样在这 20 年间，股票型基金的年均收益率为 4.25%。换句话说，如果一位普通股票基金投资者仅仅购买并持有低成本的标准普尔 500 指数基金，那他将得到的收益率则几乎会增加一倍。研究发现，业绩不佳的原因是市场时机和追逐热门基金等投资者行为。长期购买和持有策略获得的收益接近市场收益。当普通投资者的收益大大低于指数收益时，很明显，大多数都是由于指导原则不佳或根本没有指导原则。一次性投资 10 000 美元，8% 的年度收益率在 20 年后经复利会达到 46 610 美元。同样的投资，4.25% 的年度收益率在同一时期的复利仅为 22 989 美元。

为什么这么多常识性的生活原则都不适用于投资世界，原因非常简单：股票市场的短期表现是随机的、不可预测的，是会令大多数人伤脑筋的问题。如果你听到有人说他知道股票市场或任何股票在接下来的几周、几个月或几年的表现，你可以肯定他们绝对是在撒谎或痴人说梦。在 200 多年的历史中，美国股市整体呈长期上涨趋势。长期来看，股市表现一直相当一致。在每 50 年内，股市在扣除通胀因素后的平均年度收益率都在 5% 到 7% 之间。这意味着，如果你投资多元化的股票组合，之后便不再对其进行操作，你所投资金额的购买力将大约每 12 年增加一倍。

虽然长期收益率基本一致，但短期收益则要不稳定得多。长期股票对任何投资都具有提供最大回报的潜力，但短期的过山车式投资对那些不了解市场且缺乏健全的投资应对策略的人来说可能会是一场噩梦。20 世纪 90 年代股票市场的快速发展是昙花一现的，而 20 世纪 30 年代的股票市场则是一场灾难。

指数投资：懒惰带来收获

指数投资是沃尔特·米蒂（Walter Mitty）这样的白日梦想家喜欢的投资策略。它只需要很少的投资知识，对技能没有要求，几乎不需要花费时间或精力，但其收益能够超过 80% 的投资者。它可以允许你把时间用于工作、娱乐或其他事情，而本金却在自动升值。它像呼吸一样轻松，只需花费一年吃一次快餐所用的时间。

指数投资的战略关键在于：与其聘请专家或花费大量时间来确定哪些股

票或主动管理式基金可能会有最好的业绩，只需要投资指数基金，然后就可以忘掉这回事！正如我们在第 4 章中讨论的，指数基金尝试复制细分市场并匹配其收益，且管理费很低。例如，先锋 500 指数尝试达到与标准普尔 500 指数一致的收益率；全股票市场指数尝试达到各美国股市指数的收益水平；总海外指数则尝试向各国际股票的收益率看齐。除股票指数基金之外，债券指数基金也在努力复制各种债券指数的业绩。此类基金还包括持有不同组合的股票和债券指数基金的指数型基金中基金。

指数化投资为何有效

从长期来看，指数基金的业绩会超过 80% 的主动管理型基金。出现这种现象的原因很简单：最低成本。在随机变动的市场中，未来的收益是无法预测的。但我们可以知道的是，保持低成本的投资者总能比其他人获得更高的收益。这就是指数投资者的优势所在。以下是指数化投资的具体成本和其他优势：

1. 免征销售佣金；

2. 运营费用较低；

3. 许多指数基金都是节税的；

4. 不需聘请理财经理；

5. 多样化程度更高，风险更低；

6. 基金管理者是谁并不重要；

7. 类别变换和跟踪误差的问题并不有在。

让我们逐条分析这些优势。

免征销售佣金

通过经纪人购买需付佣金的基金通常意味着会产生 4%~6% 的销售费用。这笔钱直接进入了经纪公司的口袋而非你的账户。你的钱在投资前已经被剪了一次羊毛。免佣金指数基金不会克扣你的资金。当然，经纪人可能会告诉你，其基金的管理者都是顶级专业人士，你所支付的费用会被用于购买他们的明智的意见和指导。然而，研究表明，需付佣金的基金的业绩并没有优于免佣金基金。如果减去佣金的成本，它们的业绩更差。更有可能的是，你是在为经纪人的奔驰豪车买单。

运营费用较低

主动管理型基金的年度运营费率通常为 1% 至 2%。这意味着，你的投资收益每年将被扣除 1% 至 2% 来支付基金经理和基金的其他运营费用。相比之下，管理指数基金是非常便宜和容易的。没有人需要决定买卖哪只基金以及什么时候进行交易。管理者仅仅对指数进行复制。在计算机的帮助下，指数基金的管理非常简单。因此，大多数指数基金的年度运营费率都低于 0.5%，许多甚至都低于 0.2%。如果你没有意识到这些琐碎问题的重要性，那么可以做道数学题：假设有人将 10 000 美元投资于共同基金，持有期为 20 年，平均年收益率为 10%。如果该基金的费率为 1.5%，则 20 年后该基金的价值为 49 725 美元。然而，如果该基金的费率为 0.5%，则 20 年后该基金将价值 60 858 美元。费率差异仅为 1%，20 年间的收益复利即可带来 18% 的差别。

许多指数基金都是节税的

主动管理型基金卖出盈利股票时需要缴税，这笔税费被转嫁给投资者承担。这意味着你的投资收益需要减去缴税费用。日积月累，你的收益会被政府拿走很大一部分，除非使用延税或免税账户持有基金。相比之下，整体市场指数基金的成交额却很少。因为他们只对所有或大部分的股票市场进行复制操作，需要缴纳高昂税费的可能性非常低。

不需聘请理财经理

指数投资的管理非常简单，你完全不需要聘请理财经理来管理投资组合，除非你只是觉得有必要这样做。典型的资金管理者每年收取 0.75%~3% 的投资组合管理费用。这又是一笔从你的账户转入他人账户，为他人产生复利的资金。

多样化程度更高，风险更低

我们即将在第 12 章中提到，多样化是降低投资风险的关键。通过股市致富的最快方法是拥有下一个微软公司。在股市中血本无归的最快方法是拥有下一个破产的安然公司。但提前找出这些公司是不可能的。然而，不必事先识别投资对象的好坏即能获得良好的投资收益。如果购买了标准普尔 500 指数基金，那么你的投资将是高度多元化的，它的业绩将与美国企业 500 强的股票相匹配。你有可能失去所有的钱吗？答案也许是肯定的，但这种可能性微乎其微。如果美国企业 500 强的股票价格都下降到零，投资组合的价值可能是你将面临的最小的问题。如果发生了这种大规模的经济崩溃，那么 20 世纪 30 年代的经济大萧条看起来也会像电视节目《富贵名流的生活》（*Lifestyles of the Rich and Famous*）一样。

《共同基金大陷阱》（*The Great Mutual Fund Trap*）的作者格雷格·贝尔（Greg Baer）和盖瑞·詹斯勒（Gary Gensler）曾在一项研究中将主动管理型基金的风险与威尔希尔 5000 指数进行了对比，该指数涵盖了美国股市的总股票市场指数。研究结果表明，截至 2001 年 12 月 31 日的 10 年间，主动型管理基金的标准偏差（风险程度）为 19.4%，而多样化程度更高的总股票指数仅为 16.2%。

基金管理者是谁并不重要

像任何其他行业一样，一些主动管理型基金经理的业绩要好于其同行。并非所有人都能成为沃伦·巴菲特和彼得·林奇。从 1978 年到 1990 年，在林奇的管理下，富达麦哲伦基金的年均收益率达到了 29%。截至 2012 年 12 月 31 日，标准普尔的数据显示，前 10 年间所有类别的主动管理型基金均低于其相应的指数收益。此外，很少有基金经理能一直保持良好业绩，一些投资学者将稳定的良好业绩归因于运气。许多昔日炙手可热的基金经理可能就是今天的经营不善者，反之亦然。再次强调，问题在于如何提前找到这类基金经理并确定他们发挥良好的时间段。对于指数基金来说，基金经理完全不重要。因为经理只需跟踪合适的指数即可。

类别变换和跟踪误差的问题并不存在

在主动管理型基金中，总有一些股票可能从一种类别变为其他类别。由于指数基金的目标是复制某一特定细分市场，如大盘成长或小盘价值等，因此基金变更类别是不可能的。

由于操作简单，成本低，易于管理，投资指数基金几乎对每一个投资者都是绝佳选择。由于费用较高，主动管理型基金经理不得不尽量保证基金的年度平均收益率比指数型基金高2%，但这对大多数管理者来说都是相当困难的。很多非常聪明的人每天都花费大量时间来分析、测定市场并获得高于市场平均数的收益，但从长期来看，很少有人能做到。预测明天谁的业绩会领跑市场是几乎不可能的。只有小部分投资者会猜对，但猜错的人更多，他们获得的收益不如那些只进行指数投资的人。

在学校里，往往需要付出努力才能获得A，不那么努力就只能获得B，以此类推。在投资方面，如果你花费大量的时间和精力研究市场，或聘请他人来替你管理投资，那你在投资上获得A的可能性会低于20%。然而，如果你对投资一无所知，在投资上花费的时间少之又少，购买指数基金，那么你获得B的可能性为100%。在大多数投资者都只能得到D的世界里，B已经是相当不错的成绩。

> **专家观点**
>
> 大多数全球顶级的投资研究人员、学者、作家以及不打算向你兜售投资产品的人都认为，低成本的被动投资是一种很好的策略，可以被用于你的大多数或全部投资组合。以下是他们在被动与主动投资这一问题上的观点。

《明智的投资者》(*The Informed Investor*) 作者弗兰克·阿姆斯特朗 (Frank Armstrong) 指出："在每个资产类别中，只有投资指数才是正确的做法！五分之四无法达到或超越适当的指数投资的收益。"

《共同基金大陷阱》的作者格雷格·贝尔和盖瑞·詹斯勒认为："主动管理型基金的收益会根据生存偏差进行纠正，其平均收益每年大约会比市场低三个百分点。"

医学博士、《投资的四大支柱》作者、晨星公司的常任嘉宾专栏作家威廉·伯恩斯坦说："指数基金会让你注定平庸吗？绝对不是！它实际上可以担保你的高投资收益。"他的观点经常被《华尔街日报》援引。

先锋集团创始人、前任董事长约翰·C. 博格曾说过："1970 年美国市场上只有 355 只股票基金，但现在只有 169 只依然存在，所以如果不算倒闭的基金数量，我们的基金统计会立刻大幅减少。在幸存的 169 只基金中，到 1999 年只有九只基金的业绩超过了标准普尔 500 指数的年度收益水平。其中三只基金每年超过指数 1%~2%，四只基金每年超过指数 2%~3%，仅有两只基金超过指数的幅度更高。我认为 2% 的幅度并不一定具有统计学意义，但我们暂且搁置这一问题。基金收益还需要扣除税收问题。税后真正跑赢市场的也许仅有业绩最高的两只。这意味着股票基金仅仅是一种博弈游戏，只不过运气较差而已。"

先锋集团现任董事长杰克·布伦南 (Jack Brennan) 说道："指数基金一定保持与市场相当的收益率，这与跑赢市场的可能性相比更为划算。"

伯克希尔·哈撒韦公司（美国保险公司）董事长、传奇投资名人沃伦·巴菲特指出："大多数机构和个人投资者都会发现持有股票的最好方法是选择收费低廉的指数基金。选择这种方式的投资者所获得的净收益（扣除税费）肯定会高于绝大多数投资专业人士。"

《华尔街日报》著名专栏 "Getting Going" 作者乔纳森·克莱门茨（Jonathan Clements）说："我是指数型基金的超级粉丝。它们是投资者最好的朋友，也是华尔街最糟糕的噩梦。"

美国教师退休基金会（TIAA-CREF，财富 500 强公司之一）发行的 CREF 股票账户基金投资组合经理道格拉斯·戴尔（Douglas Dial）说："指数化是一项了不起的技术。我以前并不完全相信指数，但那只是因为我的无知。现在我已经成为指数投资的支持者，指数化是一项非常复杂的事情。"

保罗·法雷尔（Paul Farrell）是哥伦比亚广播公司市场观察频道（CBS MarketWatch）的专栏记者，著有《懒人投资指南》（*The Lazy Person's Guide to Investing*）一书，他认为："目前市场都关注今天哪只基金业绩最佳，但大多数人都忽视了一个事实，即在较长的时间内，指数基金的业绩要优于主动管理型基金。"

《如何在优劣市场中保护个人财富》（*Protecting Your Wealth in Good Times and Bad*）一书的作者理查德·费里指出："如果你购买了债券指数基金、美国股票市场指数基金和广泛海外指数基金，那么你的资产组合尽管简单但非常完整。"

《指数化的成功投资之路》（*Index Your Way to Investment Success*）一书的作者沃尔特·R. 古德（Walter R. Good）和罗伊·W. 赫曼森（Roy W. Hermansen）认为："指数基金节省了管理和营销费用，降低了交易成本，推迟了资本增益，控制了风险，同时打败了绝大多数主动型管理的共同基金！"

美国证券交易委员会前主席、《散户至上》（*Take on the Street*）作者阿瑟·莱维特（Arthur Levitt）认为："主动型管理基金的业绩从来没有超过基准收益，这是基金业不可告人的小秘密。"

普林斯顿大学经济学教授、《漫步华尔街》（*A Random Walk Down Wall Street*）作者伯顿·马尔基尔（Burton Malkiel）说："在过去的 30 年间，非托管的标准普尔 500 指数超过了三分之二的专业投资组合的市场表现。"

《财富概率》（*The Probability of Fortune*）的作者摩西·A. 米列夫斯基（Moshe A. Milevsky）说："我对任何能够持续战胜市场的人都表示怀疑。"

《资金最大化》（*Making the Most of Your Money*）的作者简·布莱恩特·奎因（Jane Bryant Quinn）说："指数化只为市场赢家存在。"

《市场永不倒》（*The Unbeatable Market*）的作者罗恩·罗斯（Ron Ross）说："马克·卡尔哈特（Mark Carhart）对 1962 年至 1993 年间的 1892 只股票型基金进行了评估，基金存续期相当于 16 109 年。他总结认为，评估结果并不支持熟练或消息灵通的基金投资组合经理存在的必要性。"

美国首位诺贝尔经济学奖获得者保罗·萨缪尔森（Paul Samuelson）认为："股票投资组合多元化的最有效方式是持有费用低的指数基金。据统计，基础广泛的股票指数基金会超越大多数主动型管理的股票投资组合。"

《咖啡馆投资者》（*The Coffeehouse Investor*）的作者比尔·苏西斯（Bill Schultheis）认为："一旦你摆脱了华尔街对超越市场平均收益的完全痴迷心理，看清'接近股市平均收益整体来说是一种相当复杂的手段'这一事实，那么成功选择普通股票投资组合将会带来令人非常满意的体验。"

嘉信理财集团创始人兼董事长查尔斯·施瓦布（Charles Schwab）说："跑赢市场的股票基金只有四分之一。这就是我坚定相信指数化的力量。"

《制胜投资》（*Winning with the Market*）一书的作者、《华尔街日报》前财经编辑道格拉斯·A. 希瑞（Douglas A. Sease）指出："在《华尔街日报》的业绩排行榜上，标准普尔指数基金从来没有名列榜首。但是，问题在于，在五年或更长的时间内，基金的回报几乎总能超过大多数主动型管理基金。当然，在《华尔街日报》的业绩排行榜上，标准普尔指数基金的排名也从来没有靠后过。"

《成功投资的唯一道路》（*The Only Proven Road to Investment Success*）作者昌丹·辛古普（Chandan Sengupta）："在适当考虑所有相应的税费后，你应该尽快将投资的所有股票更换为指数基金。"

诺贝尔经济学奖得主、斯坦福大学商学院荣誉退休教授、金融引擎公司董事长威廉·F. 夏普（William F. Sharpe）说："我爱指数基金。"

空间基金顾问（Dimensional Fund Advisors）有限公司联合董事长雷克斯·辛克费尔德（Rex Sinquefield）："唯一具有连续卓越市场表现的是市场本身，而唯一获得这种连续卓越表现的方法是投资适当分散的指数基金组合。"

《成功投资者》（*The Successful Investor Today*）一书作者拉瑞·E. 斯威德罗（Larry E. Swedroe）认为："尽管被动型管理基金产生了相当不错的收益，但是公开的金融言论都被所谓的专家或热门基金经理所统治。我认为这种信息误传的原因很简单：让投资者知道主动型基金管理者的失败不符合华尔街权贵或金融媒体的利益。"

《你唯一需要的投资指南》（*The Only Investment Guide You'll Ever Need*）作者安德鲁·托拜西（Andrew Tobias）："如果专业人员的成功率实际上等同于掷飞镖的准确度，大多数甚至还不如掷飞镖，那么让他们管理你的基金又有多大意义呢？"

《与指数共同基金共赢》（*Winning with Index Mutual Funds*）一书的作者杰瑞·韦德尔（Jerry Tweddell）和杰克·皮尔斯（Jack Pierce）认为："聘请专家来进行成功的指数基金投资完全没有必要。只需对指数基金具有最基本的了解即可跑赢 70% 至 80% 职业操盘的共同基金。"

《达人迷共同基金投资法》（*Investing for Dummies*）一书作者埃里克·泰森（Eric Tyson）认为："既然完全可以通过异常被低估的和未充分利用的指数投资基金复制市场平均收益率（并打败多数专业基金经理），为什么要在选择和投资组合管理上浪费时间？"

美国 *Money* 杂志主笔、专栏作家本杰明·格雷厄姆的经典著作《聪明的投资者》的修订版合著者杰森·茨威格说道："如果你购买并持有全股市指数基金，从统计比例上来看，你最终会超越绝大多数其他投资者。格雷厄姆和沃伦·巴菲特都将指数基金称为个人投资者的最佳选择。"

如果你下次遇到投资销售人员宣称"这是选股人的市场"，或者告诉你指数基金的收益很一般，那你就可以把这些投资界知名权威的引言告诉他。如果投资销售员告诉你这些人不懂得投资的真相，你可以引用杰克·尼克尔森（Jack Nicholson）在电影《义海雄风》（*A Few Good Men*）中的台词："你想知道真相吗？你不能操纵事实！"

如何购买指数基金

并非所有的指数基金都是一样的。有很多出售指数基金的基金公司。当然，其中很多公司都会收取一笔可观的销售佣金和高昂的管理年费。不要购买这种指数基金。再说一遍：**不要购买年费比例高的负荷指数基金**。你要买的是指数，而不是股票挑选技巧、资金管理，或任何其他与复制指数基金无关的东西。便宜是重点。只考虑投资年费用率小于或等于 0.5% 的负载型基金，越便宜越好。

范围缩小之后，你会发现有两种指数基金可供选择：指数基金和交易所交易基金（ETFs）。第 4 章已经提到，我们认为绝大多数投资者购买指数基金的收益都会高于 ETFs。

因为我们与博格的关系，你可能会怀疑我们会偏爱成本极低的先锋基金。不过，还有其他知名公司发售无佣金的低成本指数基金。例如，如果你处于财富积累的初始阶段，你可能无法满足先锋集团对个人退休账户的 1000 美元最低投资要求，或最低 3000 美元的定期投资要求。在这种情况下，你可以选择加入美国退休教师基金会自动投资计划。只要你同意每月在个人退休账户或共同基金账户中存款 50 美元，即可不受最低投资额度的限制。其他知名公司还包括富达投资集团（Fidelity）、美国资产管理公司 T. Rowe Price、美国 USAA 保险公司，以及嘉信理财金融服务公司。

博格投资协会和主动管理型基金

从本章的讨论中，你可能会认为我们是指数的狂热拥护者，我们会认为主动管理型基金纯粹属于资金浪费。虽然我们三人都认为，指数化是一种极佳的投资策略，我们同事也都持有主动管理型先锋基金。虽然先锋集团被称为指数基金的先驱，但它同时也发行了多种主动管理型资金，其中一些具有相当高的收益率。例如，在先锋集团医疗保健基金成立的前 20 年（1984—2004 年），其年度平均收益率在全球所有共同基金中位居第一。在过去的 25 年中，先锋集团的一种管理型投资组合的业绩平均每年超出威尔希尔 5000 指数（全美股票市场指数）0.9%。这个投资组合的卓越市场表现在很大程度上归功于良好管理和低成本。当前，先锋集团主动管理型基金的平均费用率为 0.28%。

这是否意味着我们应该放弃被动投资，选择低成本、主动管理型基金？

完全不是！尽管先锋集团医疗保健基金具有较好的业绩，其发行的美国成长基金却是一场灾难，在20世纪90年代牛市期间的实际市场表现令人羞于启齿。当然，投资医疗保健基金也具有行业风险，明白这一点非常重要。如果不可预见的事件对发行医疗保健板块股票产生了打击，投资者该怎么办？你想把所有资金都押在那个篮子里吗？我们不这么认为。

另一点需要记住的是：主动管理型基金通常具有较高的税前收益，但由于主动管理过程中发生的交易行为，其税后收益会大大缩水。因此，我们建议通过税收递延或免税账户持有主动管理型基金，如适合大型营利性企业的401（k）退休储蓄计划、适用于小型私人企业的简化雇员养老金计划（SEPs）、服务个体户或私营劳动者的税收合格退休计划（Keogh）、支持个人独立开展的个人退休计划等多种养老金计划。

通过投资于主动管理型的低成本基金，你有可能获得更大收益。然而，最重要的是你要认识到，你也面临承担更大损失的风险。世界上没有免费的午餐。这就是为什么我们建议你将大部分或全部资金投资于指数基金。

第 8 章

The Bogleheads' Guide to Investing

资产配置：成功投资的基石

> 资产配置问题是最基本的投资决定：应持有多少股票？持有多少债券？预留多少现金储备？
>
> ——约翰·博格

关于投资组合的最重要决策可以归结为四个字：资产配置。在本章中，我们将根据你的目标、时间范围、风险承受能力和个人财务状况设计资产配置计划。此外，我们还将关注大量结论极其相似的学术探讨。

堂吉诃德的侍者桑丘·潘沙（Sancho Panza）说过："聪明人会未雨绸缪，不会冒险把所有鸡蛋都放在同一个篮子里。"资产配置是一种区分我们对不同资产类别（篮子）的投资的过程，其目的在于将投资风险最小化，同时将预期收益最大化，即学术界所指的**有效投资组合**。

如何进行资产配置呢？首先，需要问自己两个问题：第一，我们应该选择哪种投资；第二，各类投资的比例是多少？为了回答这两个问题，研究人员已经进行了长期的研究。我们可以使用他们提供的复杂理论选择投资，并以最有效的方式结合理论获得最大的收益与最小的波动风险。

有效市场理论

有效市场理论（EMT）需要追溯到 1900 年，当时年轻的法国数学家路易斯·巴舍利耶（Louis Bachelier）在其博士论文中提出了有效市场理论的雏形。有效市场理论可以被描述为"一种投资理论，该理论认为'跑赢市场'是不可能的，因为现行股价已经融合并反映了所有的相关信息"。

另一个研究股票市场的学生是 20 年后初露头角的艾尔弗雷德·考勒斯（Alfred Cowles）。考勒斯先生是一位投资者，他仔细研究了职业"专家"和股票市场专家在美国史上最严重的股市崩盘之前所做的股市预测。20 世纪 20 年代，美国股市的牛市在 1929 年 8 月达到了最高点，随后在 1932 年夏天跌至最低点。考勒斯认识到，如果连所谓的专家都不能准确预测股票市场的走势，这一定是有原因的。

考勒斯对 1903 年到 1929 年之间出现的 7500 条金融服务建议进行了深入研究，并将这些建议与其本人建立的股市实际走势数据库进行了对比。他于 1933 年发表了题为《股市能否预测》（*Can Stock Market Forecasters Forecast?*）的研究论文，他的结论是：值得怀疑。

考勒斯的研究并未就此止步。1938 年，他成立了考勒斯经济研究委员会。该委员会迅速对 1871 年以来纽约证券交易所交易的所有股票数据进行了收集。这项工作在尚未出现电脑的 1938 年是一项巨大工程。直至今天，这个数据库仍然是一项有价值的资源。

1944 年，考勒斯发表了新的研究成果，对 1929 年至 1943 年间专业投资人士提出的 6904 条市场预测进行了分析。这项研究仍然发现，并没有证据表明股市走向可以被成功预测。

20 世纪 60 年代，芝加哥大学教授尤金·F. 法玛（Eugene F. Fama），对不断上涨的股票价格数据进行了详细分析。他认为，股票价格是非常有效的，挑选收益高的股票极其困难，特别是在扣除交易费用成本之后。

1973 年，普林斯顿大学教授伯顿·马尔基尔经过广泛研究后得出了与巴舍利耶、考勒斯和法玛相同的结论。马尔基尔教授出版了一本名为《漫步华尔街》的著作，书名很吸引人。这本书现在仍是投资经典，定期修订出版。我们认为每一位认真的投资者都值得拥有这本书。马尔基尔教授是这样介绍《漫步华尔街》的：

> 未来的步骤或走向都无法根据过去的事实预测。在股票市场中，这就意味着股票价格的短期变化是无法预测的。

另一种生动形象的描述是：

> 只能靠猜测才能知道路中间的醉汉下一步要往哪里走。

很少有学者认为股票市场是完全有效的。然而，他们一致认为股票和债券的定价非常有效，包括全职专业基金经理在内的大多数投资者扣除交易成本后的收益都无法超越非托管的指数基金。约翰·博格写道：

> 据我所知，任何接受过严肃理论教育的职业基金经理、训练有素的证券分析师或聪明的个人投资者都同意有效市场理论的精神：股票市场本身是一个苛刻的监工。它设置的高障碍让大多数投资者难以逾越。

有效市场和随机游走在华尔街是上不得台面的。华尔街不断告诉投资者其卓越知识能够轻易战胜市场（收费）。虽然几乎整个学术界都不同意，但由于没有宣传经费，他们的研究结果一般都不为投资大众所知。

现代投资组合理论

哈里·马科维茨（Harry Markowitz）被称为现代投资组合理论（Modern Portfolio Theory，MPT）之父。这一理论具有转折意义，改变了知识型投资者构建投资组合的方式。马科维茨意识到了**风险**的重要性，并将风险定义为预期收益的标准差。他认为风险和收益是相关的。风险和收益之间的关系对构建以最低风险提供最高收益的有效投资组合至关重要。

假设某投资者在两种预期收益相同的投资方式之间进行选择。第一种投资方式增势平稳，不产生下跌。第二种投资方式围绕其市值上下波动，但最终产生的收益与第一种相同。你愿意选择哪一种投资？很明显，你会选择走势更平稳的第一种投资方式。这个概念被称为金融领域的**风险规避**。在同等收益的条件下，投资者永远会选择风险较小的投资方式。吸引投资者选择第二种投资方式的唯一原因是更高的预期收益率。这是所有投资者都应该明白的重要道理：损失的风险越大，预期收益越大。或者换句话说："没有免费的午餐。"

马克维茨对投资者的最大贡献之一在于，他发现将不稳定的多个无关证券组合起来可能会产生波动性较低且收益较高的投资组合。他的这一研究成果发表于 1952 年的《金融杂志》（*Journal of Finance*）。38 年后的 1990 年，马克维茨教授获得了诺贝尔经济学奖。

布林森、胡德、比鲍尔的研究

1986 年，盖里·布林森（Gary Brinson）、兰道夫·胡德（Randolph Hood）、吉尔伯特·比鲍尔（Gilbert Beebower）三位学者共同对 1974 年至 1983 年间的 91 只大型养老基金的业绩进行了研究。他们认为，养老基金的收益主要来自以下四个方面：

1. 投资策略（资产配置），即股票、债券和现金分配；

2. 个人选股策略；

3. 市场时机；

4. 成本。

他们发现，养老金计划的股票、债券和现金配置对其收益可变性的影响为 93.6%。他们还发现，投资组合经理人对基金的主动管理尝试会将其平均收益比仅购买并持有由标准普尔 500 指数、雷曼政府债券指数和 30 天国债（现金）的投资组合的收益低 1.1%。

不用说，布林森、胡德、比鲍尔的研究依然没有被吹嘘能够通过证券选择和市场时机而跑赢市场获得巨大利润的金融界广泛接受。然而，现在越来越多的职业或业余投资者都开始意识到资产配置的重要性。

2003 年，先锋集团对覆盖 40 年内 420 只平衡型共同基金的数据库进行了一项类似研究。研究发现，77% 的基金收益率的变化由其战略性资产配置决定。而市场时机和选股策略发挥的作用是相对次要的。先锋集团的研究人员还发现，基准指数的回报率高于相应的基金。最终，先锋集团的研究人员认为，成本最高的基金的收益率低于成本最低的基金。

当今的研究人员参考了巴舍利耶、马克维茨、考勒斯、法玛、布林森和博格的发现，结合过去 100 年所有的金融创新，提出了现代投资组合理论。

我们对投资研究历史的简要回顾有两个目的。首先，它将有助于建立有效（低风险 / 高回报）的投资组合。其次，它向投资者提供保持投资策略的知识和信念。现在，让我们开始设计自己的资产配置方案：

1. 你的投资目的是什么？

2. 你的投资期限是多久？

3. 你的风险承受能力有多大？

4. 你的个人财务状况如何？

你的投资目的是什么

你的储蓄目标是什么？是第一套房子、子女的大学教育费用，还是你和配偶的舒适退休生活？你的目标可能全部包括这三种或含有其他目标。具有明确目标很重要，这样你就会知道自己为什么储蓄，以及大约需要储蓄多少。

你的投资期限是多久

股票通常不适于短期投资（五年以内）。例如，假设你的储蓄目的是子女的大学学费，三年内有使用需求。假设，你在 2008 年 5 月的牛市高点时将女儿的大学费用投资于一只标准普尔 500 指数基金。对她来说，不幸的是，九个月后她的大学教育费用将较之前的价值缩水一半。正是股票的这种不可预测性和波动性使其不适合于短期投资。表 8-1 展示了随着投资期限的增加，股票市场的下跌（和收益）幅度会越来越小。

表 8–1   1935—2013 年大型国内股票的年度收益率

时期	最低收益率	最高收益率
1 年	−43%	+54%
5 年	−12%	+29%
10 年	−1%	+20%

在 1929 至 2013 年的 85 年间，我们可以清楚地看到，选择在股市跌幅最大的一年购买大型国内股票的投资者赔了投资额的 43%。然而，如果将同样的股票持有 10 年以上，其贬值幅度将只有 1%。现在，我们可以理解为什么股票不适于短期投资，但却是不错的长期投资选择。

你的风险承受能力有多大

> 风险评估是资产配置的第一步。
>
> 伊洛德·穆迪（Errold F. Moody）

清楚自己的风险承受能力是投资非常重要的一部分，也是被学术界广泛研究的课题。学术研究表明，大多数投资者对损失的恐惧要多于获得收益时的喜悦。

我们都知道，人们之所以害怕投资是因为知道存在亏损的可能性。尽管收益率较低，规避风险的储蓄者还是将数十亿美元资金放入银行储蓄账户。这里存在另一种极端，如唐纳德·特朗普（Donald Trump），他将数亿美元放入投机性投资，却完全不以为然，即使面临破产危机也似乎毫不在乎。大多数人的风险承受能力都介于这两种极端之间。

为了帮助确定投资组合是否适合你的风险承受能力，你需要在回答这个问题时直面内心："我会在下一个熊市抛出吗？"下列数据可能会帮助你回答这个问题。

2000 年 3 月 10 日，纳斯达克综合指数收盘时达到了历史最高值 5049 点。

32 个月后的 2002 年 10 月 9 日，纳斯达克综合指数下跌至 1224 点，选择在当时抛出的投资者损失了 75% 以上的财富。2006 年底，纳斯达克指数艰难爬升至 2415 点，但仍然只是历史最高值的一半。

除非你在严峻的熊市中持有过股票，否则很难预测决定抛出之前还要亏损多少。不要欺骗自己。股市下跌时，你肯定有过出售的想法。

想象一下，你身陷严峻的熊市，在一个星期、一个月、一年甚至更长的时间里看着自己辛苦赚来的积蓄持续缩水。你会泄气，感觉自己已被黑暗和厄运包围。你不知道自己的投资还会亏损多久。你是应该现在出售，还是希望股市停止那令人提心吊胆的下跌？

电视上的"专家"断言股市将进一步下跌。报纸和杂志文章也证实最坏的时机尚未到来。朋友都在出售股票，他们建议你也这样做。家人在你赚钱的时候满心欢喜，但现在，他们开始对你的投资计划失去信心。他们也开始催你尽早出售。这就是糟糕的熊市。问你自己："我会怎么做？我会失望地清仓还是会有足够自律继续持有？"

在这种情况下，情绪将会成为你最大的敌人。资产配置计划的主要优点之一是，它将以规则帮助你抵制诱惑，约束你尽量不出售目前业绩较差的基金，不追逐当前的"热门"基金。

如果你会由于市场下跌而进行恐惧抛售，那么目前的投资组合并不适合你。另一方面，如果你能诚实地说："不，我不会卖，因为我知道美国熊市反弹后会比之前更高。"那么投资组合与你的风险承受能力是匹配的。

睡眠测试是一种帮助确定资产配置是否真正合适的好办法。确立资产配置计划时，投资者应该扪心自问："我的睡眠能不受这种资产配置下的投资影响吗？"答案应该是肯定的，因为没有投资值得担心并为之失眠。重要的是，你要明白股票和债券有涨有跌，而且应该接受这个事实。这些起伏只是正常的市场行为，应在预料范围之内。有经验的投资者对这种波动性心中有数，且接受不可避免的下跌。我们知道，仅仅通过改变股票和债券的分配比例，就可以相应减少投资组合中的波动幅度，直到最终达到能让我们安心的睡眠水平。

表 8-2 显示了 1926 年至 2012 年间，投资者在不同股票 / 债券组合下得到的最大年度损益幅度。表中展示的年回报率不包含投资者在漫长的熊市中遭受的巨大复利损失。道琼斯指数在 1929 年下跌了 17%，1930 年下跌了 34%，1931 年下跌了 53%。很少有投资者能够容忍年复一年的大幅下跌（无法得知下跌何时停止）。这也是我们认为几乎每一个投资组合都应该包含债券的主要原因。

表 8-2   基于股票 / 债券组合的最差年度损失表（1926—2012 年）

资产配置	最差年度损失率	平均收益率
100% 股票	−43.1%	10.0%
80% 股票 /20% 债券	−34.9%	9.4%
60% 股票 /40% 债券	−26.6%	8.7%
40% 股票 /60% 债券	−18.4%	7.8%
20% 股票 /80% 债券	−10.1%	6.7%
100% 债券	−8.1%	5.5%

如果你在 2000—2002 年或 2009 年的熊市期间投资了股票，无疑你很清楚自己的风险承受能力。如果你出售了下跌的基金或者影响了睡眠，你肯定应该在投资组合中加大债券比例。如果你不受影响，则你的投资组合是相对合适的。事实上，如果你的投资期限是五年以上，你甚至可以考虑增加持股比例。

投资新手应该明白，看着自己的投资组合在数字上逐渐下跌是一回事，但看着自己的血汗钱在漫无尽头的熊市中逐渐消失却是更难的另一件事。如果你尚未经历过熊市，我们建议你将债券的持有比例从自认为的保险水平增加 10% 至 20%。这将防止你为投资担惊受怕，并可能有助于防止你在错误时机出售资产。

你的个人财务状况如何

个人财务状况直接影响所选择的证券类型和数量，以及各种证券在资产配置计划中的分配比例。例如，拥有养老金和社保收入的投资者对退休投资组合的需求显然低于没有这些资产的人。拥有巨大净资产值或大规模投资组合的人也不需要进行冒险投资以求高额回报。

据我们所知，一位事业有成的高管在退休后把所有投资集中于高品质、多元化的市政债券。债券的收入足以满足他和家人的生活水平。这位高管想把退休后的时间用于旅游和打高尔夫，而不是研究复杂的证券组合。他的投资组合的简单程度可能并不多见，但我们认为这对他来说可能是非常适合的。然而，大多数人想要得到比银行存款和债券更高的回报。这就是为什么股票提供的资产增长和额外收入可以满足我们的目标。

制定个人资产配置方案

上文讨论了有效市场理论和现代投资组合理论，并阐述了制定有效投资组合所需的四个要素：目标、时间范围、风险承受能力和个人财务状况。现在，我们将综合这些因素来制定个人资产配置方案。

选择投资产品

股票、债券和现款投资已被证明是一种成功的证券投资组合。你时常会听到某些投资者声称从其他较生僻的证券中获得了更高的回报，如有限责任合作公司、对冲基金、木材、黄金、廉价股、单位信托基金、期权、商品期货、股票、单位信托，等等。我们的建议是直接忽略。这些投资大多极为复杂，常出售给不了解其中风险的投资者。相反，我们建议你听从专栏作家简·布莱恩特·奎因的观点："不要买报纸上没有介绍过价钱的产品，不要买12 岁左右的儿童听不懂的任何复杂产品。"

布林森、胡德和比鲍尔的研究认为，投资资产组合的风险和收益的主要决定因素在于股票、债券和现金之间的分配比例。据此，我们应该主要关注这三大资产类别，并使用以下三大指导原则确定股票、债券和现金的分配比例：

1. 约翰·博格建议，债券在投资组合中的占比应与年龄相当；

2. 表 8-2 展示了不同比例的股票 / 债券组合带来的收益递减；

3. 先锋集团的在线问卷调查和建议资产配置。

根据这三种工具和个人经验，你应该能够决定适合本人长期资产配置方案的股票、债券和现金的配置比例。这是**你将要做的最重要的投资组合决策**。

不要为各类投资产品的确切分配比例烦心。10% 左右的资产类别不会对你的投资组合业绩带来太大影响。投资是一门软科学。投资不是工程，不会完全重复历史收益。**在投资中唯一可以确定的是，历史收益不会再次出现**。

假设你的投资目标是为退休后的开销做资金储备。经过仔细考虑上述的所有因素，你和配偶在合适的股票和债券投资组合配置上达成了一致。祝贺你！你刚刚做了最重要的投资组合决策。

股票资产配置

购买多种类别的股票配置对资产多样性的最大化极其重要。这是因为不同类型的股票在不同时期的业绩不同。没有人愿意将投资组合中的全部股票都投资于业绩不佳的资产类别。因此，我们希望在合理可操作的前提下尽可能介绍一些不同类型的股票。

晨星公司的投资九宫格（见表 8-3）是一个有用的工具，可以展示股票投资组合的不同风格和规模。你可以在晨星公司网站上的工具（Tools/X-Ray）栏中免费使用投资九宫格来分析你的投资组合。我们可以使用这一工具来展示某基金中所有股票的风格和资金规模，表 8-3 中以先锋全股市指数基金（VTSMX）为例。我们之所以选择这只基金，是因为它整体与美国股市非常接近，并以每只股票的市场价值为基础，另外也因为这是许多投资者在进行国内整体股票配置时的选择。

表 8-3   先锋集团 2014 年 2 月全股市指数基金分类

价值型基金	核心型基金	成长型基金	类别
24%	24%	25%	大型
6%	6%	6%	中型
3%	3%	3%	小型

对于持有多只股票基金的投资者来说，晨星公司的投资九宫格具有特别的作用，可以帮助控制投资组合对基金的分配比例不至于在某特定风格（核心型、价值型、成长型）或市价总值（大型、中型、小型）上出现过重或过轻的现象。

仔细研究表 8-3 即可发现，大盘股在美国股市中占主导地位。许多投资者认为，权重偏高的价值型股票和小盘股可以共同降低波动性并带来更高的长期回报。在总市场指数基金中增加价值型股票权重和 / 或小盘股可以得到这种效果。

近年来，我们注意到了一种正在扩张的专门基金，又被称为**行业基金**。为了利用投资热点，基金公司引入了许多时下流行的专业基金。专业股票基金涉及黄金、科技、健康、能源、公用事业及其他领域。专业基金具有波动性，因为它们仅集中于特定行业中的少数股票，但这些股票的受欢迎程度往往起伏不定。

行业基金比例过重存在一定风险，科技基金便是很好的例子。科技基金引领了 20 世纪 90 年代末的牛市，年收益率超过 100%。这吸引了数以百万计的投资者，他们的投资组合中买入了过多的科技股票和股票基金。不幸的是，在随后的 2002 年熊市期间，许多科技股暴跌超过 70%，这些投资者遭受了严重损失甚至破产。股票投资者常说，"牛市熊市都能赚钱，但贪婪的投资人往往会倾家荡产"。

如果你决定购买一种或多种行业基金，我们的建议是行业基金在投资组合的股票部分中不要超过 10%。约翰·博格曾这样说道："即使终生从未购买过行业基金，你也不会有什么损失。"

房地产投资信托基金（REITs）是一种特殊类型的股票。房地产投资信托基金的市场表现通常与其他股票基金不同。由于这一非相关的特点，在投资组合中增持房地产投资信托基金是值得的。我们的建议是，房地产投资信托基金在个人资产配置中不要超过 10%。

外国股票

在全球股票价值中，美国股票占比 50%，其他国家股票合计占比 50%。外国股票多样化程度更高，收益可能也更高，但同时也具有更大的风险，如政局动荡、监管乏力、交易成本高、计算方式不统一，等等。一个事实尤为重要，即外国股票投资实际上是两种投资：股票和货币。这两种因素为国内投资组合提供了额外的多样化选择。

日本的股市历史可能为国际股票多元化的价值提供了最好的证据。1989年底，日本股市的资本化价值为全球最高。日经 225 指数以 39 916 点创下历史新高。22 年之后，日经指数跌破 8500。截至本书写作之时，日经指数仍远低于其在 1989 年创下的高点。悲哀的是日本投资者并未投资日本之外的外国股票。无人敢担保美国股市投资者不会重蹈覆辙。财经作家拉瑞·斯威德罗提供了明智的建议："不要将极有可能的事想当然，不要认为极不可能的事不会发生。"

表 8–4 为标准普尔 500 股票指数和摩根士丹利资本国际欧澳远东指数（欧洲、澳大利亚和远东）1998 年至 2013 年间的收益。

表 8–4 美国国内与国际指数收益对比

年份	美国国内	美国国外	收益较高者
1998	28.6%	20.0%	美国国内
1999	21.0%	27.0%	美国国外
2000	−9.1%	−14.2%	美国国内

续前表

年份	美国国内	美国国外	收益较高者
2001	–11.9%	–21.4%	美国国内
2002	–22.1%	–15.9%	美国国外
2003	28.7%	38.6%	美国国外
2004	10.9%	20.3%	美国国外
2005	4.9%	13.5%	美国国外
2006	15.8%	26.3%	美国国外
2007	5.5%	11.2%	美国国外
2008	–37.0%	–43.4%	美国国内
2009	26.5%	31.8%	美国国外
2010	15.0%	7.7%	美国国内
2011	2.1%	–12.1%	美国国内
2012	16.0%	17.3%	美国国外
2013	32.4%	22.8%	美国国内

从表 8-4 中可以看出，美国国内股票和国际股票在不同时间段内的市场表现不同。但长期来看，其收益具有很大的相似性。那么应该怎么做呢？约翰·博格在《共同基金常识》一书中写道："海外投资，即持有其他国家企业股份，对多元化投资组合并没有重要意义，甚至不具备持有的必要性。持反对意见的投资者可能会认为全球投资行之有据，对他们来说，我们建议国外投资的比例尽量不要超过全球股票投资组合的 20%。"

我们认为，国际股票配置比例为 20%~40% 时，投资者会从中获益。

债券资产配置

第 3 章对债券进行了详细介绍。本章将对债券基金的具体选择提出建议。

第 8 章

资产配置：成功投资的基石

债券基金

对投资规模较小的人来说，单个低成本的短期或中期的优质债券基金足以满足需要。债券基金的持续期应该等于或短于满足收益目标所需的预期时间。使持有的基金持续期短于你所需的时间期限，能够降低亏损的概率。

我们也推荐先锋集团的全债券市场指数基金等覆盖广泛的多元化债券基金。该基金为中期债券基金，与巴克莱美国综合浮动调整指数的收益挂钩，这在美国投资级债券市场中是一种常用方式。该债券基金持有约 6000 只独立债券，平均持续期约为五年。其费率较低，为 0.2%（其中 Admiral 份额费率为 0.1%）。自 1986 年成立以来，该基金最严重的年度亏损为 1994 年的 –2.7%。

时间期限较短或担心资产波动的投资者应选择短期债券基金。波动性会有所降低，但预期收益也会相应减少。世上没有免费的午餐，这句话对债券甚至比对股票更为适用。这是因为在世界各地，成千上万的经验丰富、训练有素的专业债券管理人员都在目不转睛地监视着屏幕，不放过任何一个他们认为是错误的债券标价。通过即时买卖，这些债券专业人士几乎瞬间就能将债券价格恢复至公允价值附近。

高收益债券

高收益债券，也被称为垃圾债券，以其较高的收益率吸引了许多投资者，其收益有时甚至要高于更稳重的同类债券。我们并未将其包含在投资组合中，原因如下。

1. **债券的主要功能是安全性**。股票则主要为高收益（和风险）。垃圾债券基金的市场表现介于传统优质债券和股票之间。这往往会混淆债券和股票投资组合的重要区别，从而增加风险控制的难度。

2. **在全部证券中，应税的高收益债券是最节省税费的一种**。在退休账户中持有高收益债券基金（只能使用退休账户持有），将挤压其他减税债券的空间。

97

3. **高收益债券基金的收益（和风险）往往高于其他债券基金。** 然而，我们认为，对于那些愿意放弃传统优质债券的安全性的投资者来说，投资股票（每单位风险对应的收益更高）比投资高收益债券更为有效。

4. **收益债券型基金与股票的相关性更为密切。** 因此，它们提供的多样化少于传统的债券基金。在2008年的熊市中，先锋集团的高收益债券基金下跌了21.3%。

出于上述原因，我们的投资组合范例中不包含高收益债券基金。

通胀保值债券

随着投资组合规模的增加，投资者应该适时考虑增加其他类型的债券，即通胀保值债券（TIPS）。通胀保值债券提供多样化投资选择，并保护个人资产不受意外的通货膨胀所侵蚀。先锋集团发售两种通胀保值债券基金，分别为中期基金（VIPSX）和短期基金（VTAPX）。如果决定投资先锋集团的通胀保值债券基金，你可以选择预期收益和风险略高的VIPSX（最低投资额3000美元）或预期收益和风险略低的VTAPX（最低投资额10 000美元）。当然，世界上没有免费的午餐。

表8-5展示了先锋集团全债券市场指数基金（VBMFX）和通胀保值债券基金（VIPSX）的年收益情况。股市在2001年、2002年和2008年经历了严峻的熊市形势。标准普尔500指数在2001年下跌了12.2%，2002年下跌了22.15%，2008年下跌了37%。债券帮助投资者缓解了困难年份中遭受的打击。

表8-5　　先锋集团全债券市场指数基金与通胀保值债券基金年度收益对比

年度 *	全债券市场指数基金	通胀保值债券基金
2001	8.43%	7.61%
2002	8.26%	16.61%
2003	3.97%	8.0%

续前表

年度	全债券市场指数基金	通胀保值债券基金
2004	4.24%	8.27%
2005	2.40%	2.59%
2006	4.27%	0.43%
2007	6.92%	11.49%
2008	5.05%	−2.85%
2009	5.93%	10.80%
2010	6.42%	6.17%
2011	7.56%	13.24%
2012	4.05%	6.78%
2013	−2.26%	−8.92%

* 股市在 2001 年、2002 年和 2008 年经历了严峻的熊市形势，债券帮助投资者缓解了困难年份中遭受的打击

投资组合指南

推荐特定的投资组合往往具有很大难度，因为投资者各不相同。正如已经提到的，每个人的投资目标、时间期限、风险容忍度和个人财务状况都与他人不同。另外，你可能只能投资于退休计划中可选的基金。

根据不同的人生阶段，有八种简单投资组合值得推荐，如表 8-6 所示。其中四种投资组合利用了资产类别（但并非特定基金）。这些适用于未购买先锋集团基金的人。其余四种投资组合适用于购买先锋集团基金的投资者。我们假设投资者已预留相当于其一季度或一年收入的紧急现金储蓄。高收入纳税人在税收优惠账户满额时应考虑免税（地方）债券。

表 8–6   八种简单投资组合

（1）青年投资者资产配置

国内大盘股票	55%
国内中小盘股票	25%
中期债券	20%

（2）青年投资者先锋集团资产配置

先锋总股票市场指数基金	80%
先锋总债权市场指数基金	20%

（3）中年投资者资产配置

国内大盘股票基金	30%
中小盘基金	15%
海外基金	10%
房地产信托基金	5%
中期债券基金	20%
通货膨胀保值证券基金	20%

（4）中年投资者先锋集团资产配置

先锋总股票市场指数基金	45%
先锋总体国际债券指数基金	10%
房地产信托基金	5%
先锋总债权市场指数基金	20%
先锋通货膨胀保值证券基金	20%

（5）退休初期投资者资产配置

多元化国内股票	30%
多元化海外股票	10%

续前表

中期债券	30%
通货膨胀保值证券基金	30%

（6）退休初期投资者先锋集团资产配置

先锋总股票市场指数基金	30%
先锋总体国际债券指数基金	10%
先锋总债权市场指数基金	30%
先锋通货膨胀保值证券基金	30%

（7）退休晚期投资者资产配置

多元化国内股票	20%
中短期债券	40%
通货膨胀保值证券基金	40%

（8）退休晚期投资者先锋集团资产配置

先锋总股票市场指数基金	20%
短期或先锋总债权市场指数基金	40%
先锋通货膨胀保值证券基金	40%

专家观点

《共同基金常识》的作者约翰·博格认为："资产配置非常重要，但成本同样重要——其重要性远高于其他因素。"

《明智的投资者》作者、金融理财师、认证投资受托人弗兰克·阿姆斯特朗认为："资产配置或投资政策的影响会使其他（投资）决定陷入困境。"

《有效资产管理》（*The Intelligent Asset Allocator*）、《投资的四大支柱》的作者、医学博士威廉·伯恩斯坦指出："若想精通资产配置，则需要关掉网络和电脑，花时间去书店或图书馆看书。"

乔纳森·克莱门茨是《华尔街日报》知名专栏作家，并著有三本金融书籍，分别为《资助未来》（*Funding Your Future*）、《二十五大投资陷阱》（*Twenty-Five Myths You've Got to Avoid*）和《如何在熊市中存活》（*You've Lost it, Now What?*），他在书中指出："忘记华尔街引入的外来垃圾，坚持投资股票、债券和货币市场基金。"

注册金融分析师、金融理财师、《资产配置》（*Asset Allocatian*）的作者罗杰·C.吉布森（Roger C. Gibson）认为："资产配置和多样化是成功长期投资的基石。"

曾任美国财政部副部长的盖瑞·詹斯勒、曾任美国财政部金融机构事务部长助理的格雷格·贝尔认为："你需要坐下来认真制订一份资产配置计划。最糟糕的投资错误是，对本人的总净资产在各资产类别中的分配额以及分配依据一无所知。"

《美国个人投资者协会共同基金指南》（*AAIII Guide to Mutual Funds*）一书指出："股市存在一定的波动，但涨跌时机无法精确预测。如果你已经对个人资产进行了合理配置，并备有足够的应急资金，那么你大可不必担忧。"

注册金融分析师沃尔特·R.古德和罗伊·W.赫曼森合著了《积极资产配置》（*Active Asset Allocation*）一书。他们在另一本书《指数化的成功投资之路》中写道："长期投资计划是你可能做出的最重要的投资决策。"

普林斯顿大学的伯顿·马尔基尔教授曾任经济顾问委员会的成员和先锋集团董事，他在其著作《漫步华尔街》中写道："在人生的不同阶段中，对资产类别（股票、债券、房地产、货币市场证券等）的权衡可能是你最重要的投资决定。"

《跑赢市场》(*Outperforming the Market*)的作者约翰·梅瑞尔
(John Merrill)认为："不同资产类别的投资组合比选择单只证券或
共同基金更能决定其收益。"

《资金最大化》的作者简·布莱恩特·奎因指出："人们往往并
不十分关注资产配置，但这是决定投资能否成功的关键，而非你是
否擅长挑选股票或共同基金。"

《咖啡馆投资者》的作者比尔·苏西斯认为："资产多元化的最
重要因素是坚持自己的资产配置策略，因为当你坚持资产配置策略
并在年底进行资产再平衡时，买卖行为便会有据可依。"

查尔斯·施瓦布成立了以其本人命名的贴现经纪公司，并著
有《查尔斯·施瓦布财务独立指南》(*Charles Schwab's Guide to
Financial Independence*)一书，他写道："仔细选择资产配置模型。
资产配置是决定整体回报率的最大因素。"

第 9 章

The Bogleheads' Guide to Investing | **投资中重要的事：降低投资成本**

> 使收益跻身前四分之一的最短捷径是保持成本最低。

——约翰·博格

我们习惯认为支付的越多，得到的越多，但在购买共同基金的问题上并非如此。我们在费用上每投入一美元就代表着投资收益减少一美元。因此，尽可能地降低投资成本十分重要。

很多投资者对与投资相关的多种成本都一无所知，不论是公开成本还是隐藏成本。据统计，美国股票市场（不仅仅是共同基金）的成本总额为每年3000亿美元。此处的成本包括咨询费、经纪人佣金、客户费用、律师费、营销费用、销售佣金、证券处理费用和交易费用，不含税费。税费将在第10章和第11章具体讨论。

招股说明书涵盖的致命费用

每一个共同基金招股说明书中都包含费用信息，了解不同的共同基金产生的费用十分重要。在下文中，我们将探讨鲜为人知或很少被报道的共同基金交易成本。华尔街新闻网高级编辑史蒂芬·舒尔（Stephen Schurr）写道：

"季度基金报表中不会提到成百上千种的致命费用。"因此，我们将对费用进行逐一讨论，以帮助你明白需要寻找什么，哪些应该尽量减少和避免。

前端销售费用

许多投资者在购买基金份额时需支付前端销售费用。大额投资者可能会享受前端销售费用折扣。例如，如果在 13 个月内投资超过 10 万美元，许多共同基金公司将对其减少 1% 的前端销售费用。投资额越高，折扣就越大（又称打折点）。对于巨额投资大户，前端销售费用可能会被完全减免。

前端销售费用具有一个显著特点，即减少了实际投资资金。例如，如果一个投资者投资 10 000 美元购买共同基金，而基金需收取 5% 的前端销售费用，则实际可用于投资的只有 9500 美元。后来你在报纸上看到自己投资的基金回报率达到 10%，你会以为自己去年赚了 1000 美元。对不起，你实际只赚了 950 美元（即 9500 × 10%）。以后再看到前端销售费用的收益列表时，一定要清楚你所看到的收益往往都是被夸大的，因为前端销售费用未被考虑在内。

递延销售费用

递延销售费用通常被称为**后端费用**。**递延销售费用**（CDSL）是最常见的后端费用类型。投资者需支付的费用总额取决于投资期限。如果持有期限足够长，费用通常可以减少为零。与前端销售费用不同的是，对于支付后端销售费用的投资者来说，其投资额将会被立刻全部用于投资。或有递延销售费用类别的基金通常收取年度 12b-1 费用（这项费用主要用于补偿财务顾问或销售机构在基金宣传，打印、发送招募说明书，以及打印、发送传单等方面的花费）。

这就是 5% 的递延销售费用的收取方式。假设投资者持有共同基金份额少于一年，则其对应的佣金费用为 5%。如果投资者的持有期限为一至两年之间，佣金费用将降至 4%，以此类推，直至全部取消。通常认为，赎回费用减为零意味着佣金取消。但事实并非如此！在此类基金中，佣金已从逐渐提高的 12b-1 费用中支付。

递延销售费用通常是在原购买价值或赎回基金份额的价值的基础上计算的，以较低者为准。然而，一些公司只根据赎回价值评估其后期费用，此时的赎回费用往往高于投资金额。确认欲投资的基金如何评估赎回费用的唯一方法就是仔细阅读招股说明书。

我们不建议共同基金投资者购买收费基金。如果需要财务建议，可聘用"只收费"的理财规划师，而非具有利益相关性的共同基金销售人员。

免佣共同基金

免佣基金不收取佣金或销售费用。然而，所有基金（不论是否收取佣金）都有开支。为填补这些开支，基金会收取一定费用。共同基金可能征收的费用主要包括以下几种。

申购费

新股东有时需支付申购费以帮助补偿基金申购产生的费用。其依据为各股票持有人购买股份时应支付其购买行为涉及的费用。一项研究估计，购买成本超过平均购买股票价值的 1%。基金公司会将申购费直接从长期持有者的收益中扣除。

交易费

当持有者在同组基金内部产生交易时，一些基金会收取交易费。交易费有时用来限制昂贵的基金交易，抑制市场投机，并降低长期投资者的基金费用。

账户费

账户费是指一些基金对投资者的账户进行维护而单独收取的费用。例如，某股东投资的基金贬值至规定投资额以下时，可能会被收取低水平账户平衡费，以帮助降低账户的维护成本。

赎回费

赎回费指股东赎回（出售）投资份额时基金可能收取的费用。赎回费有助于限制市场投机者，控制其对买入并持有基金的投资者带来的高昂成本。赎回费和申购费不经过经纪人，而是直接支付给基金。合理的赎回费、申购费和交易费对长期股东有利，对短线交易者不利。

管理费

管理费是由基金资产支付给基金投资顾问或投资组合管理子公司的费用。管理费不包括申购费、交易费、低平衡费或赎回费。

12b-1 费

12b-1 费指基金从基金资产中支付的销售费用，有时含股东服务费用。其名称来源于授权该项费用的美国证券交易委员会（SEC）规定。12b-1 费一直具有争议，主要原因在于它们隐藏了销售人员的递延销售佣金。SEC 允许12b-1 费低于 0.25% 的基金自称为无佣金基金。

其他费用

其他费用包括未含在管理费或 12b-1 费中的年度运行费用。例如保管费、法律费、会计费、过户代理费、行政管理费及其他费用。

上述最后三类费用（管理费、12b-1 费和其他费用）共同构成了基金年度运营总费用，通常以基金平均净资产的百分比表示。各共同基金的费用比率可通过共同基金公司、晨星机构、报纸及其他来源的共同基金业绩数据获得。各共同基金的招股说明书必须披露基金的费用率。

阅读基金招股说明书

几乎没有基金会收取上述的全部费用。然而，知道你将支付哪些费用的唯一方式是阅读基金招股说明书。美国证券交易委员会要求在招股说明书的前几页显示费用及费用信息。

招股说明书未涵盖的费用

现在，我们来讨论招股说明书中很少提到的共同基金持有成本。

隐性交易成本

共同基金每次购买或出售证券时都会产生费用。资金周转导致的交易成本包括经纪佣金、投标报价利差和市场影响成本。这些成本加在一起很容易超过费用比例和招股说明书中披露的其他成本。

经纪人佣金

在一项题为"美国股票共同基金投资组合的交易成本"的研究中，研究人员杰森·卡瑟斯基（Jason Karceski）、迈尔斯·利文斯顿（Miles Livingston）和爱德华·奥尼尔（Edward O'Neal）发现，共同基金券商的佣金成本平均为基金资产的 0.38%。

软元协议

一些共同基金公司与其经纪人具有**软元协议**。在这种情况下，经纪人除了接受以最佳价格买卖证券的佣金之外，还通过为基金经理提供额外好处获得佣金。调查人员发现，这些软元佣金有时被用于隐藏员工的工资、出行、娱乐和餐饮成本，而这些费用应含在共同基金的费用比率中。

分摊成本

除经纪人佣金之外，每次证券买卖都具有隐藏的分摊成本，即做市商（经销商和专家）买进与卖出价格的差异。ZAG 集团 2004 年的一项研究报告发现，买进与卖出价格的年度平均分摊成本为 0.34%（指数基金为 0.06%）。

市场冲击成本

基金经理通常大批量买卖证券，从而导致其对股票（或债券）的购买量多于当时价格的供应量。其结果是，基金经理及其经纪人不得不以高于当时价格的报价吸引足够的卖家。大量出售股票（或债券）时，则是相反的情况。在这种情况下，共同基金经理往往被迫以较低的价格卖出以吸引足够的买家。

著名研究公司 Barra 对市场冲击成本进行了研究，发现资产规模为 5 亿美元、周转率为 80% 至 100% 的股票型基金每年可能因市场冲击成本导致 3% 至 5% 的损失。克利福德·道（Clifford Dow）进行了另一项研究，发现共同基金交易的市场影响成本可能会有所不同，主要为交易证券价值的 0.5% 到 20% 不等。

周转量

周转量是指基金经理在给定一年内进行的买卖行为的数量。周转率为 100%，表明基金组合持有的股票每 12 个月会被基金经理购买或销售一次。周转具有高额成本，包括经纪人佣金、分摊费用、市场影响成本和增加管理成本，且通常会增加税费。研究发现，周转率较低（成本较低）的基金往往比同类高周转率基金（成本更高）具有更高的平均收益率。基金的周转率可从基金招股说明书中查询或咨询基金代理人。晨星公司也可查询特定共同基金的周转率。

包管费

另一个应该提到的费用为包管费，由经纪公司收取。想拥有私人理财经理的投资者需支付包管费。包管费被列入所选择的共同基金的基本费用，通常为 2% 以上。我们认为，为专业管理重复支付几乎是错误的，但包管账户却正是如此。因此，要避免包管费用。

表面收益并不代表着你的真实收益

正如我们所见，美国股票基金的投资者需要负担多项成本，且许多为隐藏成本。约翰·博格和博格研究中心的数据可以帮助我们了解美国的股票共同基金年度平均总成本，如表 9-1 所示。

表 9-1　　　　　　　　　美国股票市场基金年度总成本

共同基金	占平均资产比例
咨询费	1.1%
其他营业费用	0.5%
总费率	1.6%
交易费用	0.7%
机会成本	0.4%
销售收费	0.6%
年度总费用	3.3%

根据芝加哥投资公司 IbbotsonAssociates 的数据，从 1926 年到 2004 年，美国股市的年复合收益率为 10.5%。如果我们减去共同基金的年度平均总成本（3.3%），我们会发现平均股东的年复合收益率为 7.2%。换言之，共同基金平均每年几乎要侵吞我们投资收益的三分之一，甚至可能更高！许多学者都认为，在成本保持不变，但未来收益率较低的情况下，投资成本在总收益中所占的比例将会更高。

为了解成本的巨大影响，我们将以 25 岁的工人泰德为例。泰德开始第一份工作时，其储蓄为零，但他决定每年向罗斯个人退休账户存入 3500 美元直至 65 岁退休（即投资年限为 40 年）。

根据彭博退休计划在线计算器测算，不考虑通货膨胀的调整影响，我们发现，若股票长期平均收益率为 10.5%，则泰德最终将获得 1 961 795 美元。听起来很棒！然而，由于共同基金成本的原因，泰德投资的平均收益率降至 7.2%，这意味着他最终只能获得 788 745 美元，还不到原始收益的一半！

当然，泰德退休后还会继续投资。假设泰德继续以 1 961 795 美元的投资组合获得 10.5% 的收益，他将最终得到 205 988 美元。然而，如果泰德仅以 788 745 美元获得 7.2% 的收益，最终只能得到 56 790 美元的年均回报额，甚至低于前者的三分之一！

成本重要吗？当然重要！正如本书其他部分已经提到的，将未来收益率设定为 10.5% 并不谨慎。然而，无论股市的未来收益率如何，低成本肯定好于高成本。

充分利用低成本的优势

既然已经明白低成本的巨大优势，我们便需要发挥这一知识的作用。无论何时，我们都会尽可能选择低成本、低周转率的指数基金。交易所交易基金和低成本、低周转率的管理基金也可以考虑。据先锋集团和理柏公司（Lipper，Inc.）的数据，2012 年先锋基金的平均费用率为 0.19%，仅为平均基金费用率（1.11%）的 1/6。

低成本具有预测功能

我们已经看到，低成本可以提高收益率。因此，低成本自然也是预测共同基金未来业绩最可靠的指标。不幸的是，并没有万无一失的系统可以帮我们提前选择业绩胜出的基金。如果有，这一魔法系统能给我们带来一生的安逸和富有。投资是一种概率事件，通过选择低成本共同基金以超过大多数投资者的希望很大。

金融研究公司（Financial Research Corporation）进行的研究为业内人士提供了参考。其最重要的研究是确定在 11 种常见的共同基金未来业绩预测指标中，哪一种真正起作用。这 11 种预测指标包括：晨星评级数据、以往业绩、费用、周转率、经理任期、净销量、资产规模、超额收益（Alpha）、市场风险（Beta）、标准偏差（SD）、夏普指数（Sharperatio）。研究认为：**费用率是**

共同基金未来业绩的唯一可靠预测指标。

在另一项研究中，标准普尔对晨星公司的九种类型涵盖的所有多元化美国股票基金进行了对比研究，研究结果发表于 *Kiplinger* 杂志 2003 年第 9 期。该项研究将各类别的基金分为两种：成本高于平均水平的基金和成本低于平均水平的基金。研究结果表明，在 1 年、3 年、5 年和 10 年的期限中，8/9 的低成本基金资金的收益都高于高成本基金。研究还发现，债券基金也呈现类似规律。

选择共同基金的关键因素：低成本

在本章中，我们了解了低成本在选择共同基金时的关键作用。因此，要避开所有的有佣基金，优先选择低成本的指数基金。千万要阅读招股说明书以确定所考虑的任何基金的公开成本。永远都要清楚基金的周转率以了解该基金的隐形交易成本——周转率越高，成本可能就越高。不要使用包管账户。要记住，低成本是选择业绩高于平均水平的基金的最佳预测指标。最重要的是，要记住成本很重要。

专家观点

在《美国个人投资者协会共同基金指南》一书中指出："在考虑费用因素时，有佣基金的平均业绩会一直低于无佣基金。"

《明智投资者》的作者阿姆斯特朗指出："包管账户只适合炫耀，并不利于理财。"

《共同基金陷阱》的作者格雷格·贝尔和盖瑞·詹斯勒指出："许多投资成本几乎是无形的，你从来没有向任何人支付过费用或佣金。"

医学博士威廉·伯恩斯坦认为："毫无疑问，你陷入了金融行业的残酷零和竞争。它们取走的每一分佣金、费用和交易成本都不会再退还给你。"

先锋集团前 CEO、《直话投资》（*Straight Talk on Investing*）作者约翰·布伦南写道："成本会直接减少你获得的收益，这是值得我们担心的。道理就是这么简单。"

《如何在优势市场中保护个人财富》的作者理查德·费里认为："让我们面对这一事实：大多数投资公司的定位就是赚你的钱，而不是为你赚钱。节省下的所有费用和开支都会直接进入你自己的账户。"

曾任美国证券交易所主席和美国证券交易委员会主席的阿瑟·莱维特指出："持有共同基金的高额成本是罪魁祸首。费用往往以千分之一的比例表示，看上去很低，但实则耗费了投资者成千上万的资金。"

《投资漫谈指南》（*The Random Walk Guide to Investing*）的作者伯顿·马尔基尔教授写道："我可以保证，很多金融服务公司都在努力掩盖投资者需要支付的总费用。你所支付的每一分额外费用都是直接从你的投资资金中扣除的。与未来基金业绩挂钩的唯一可靠因素是基金收取的费用率。"

《与指数共同基金共赢》的作者杰瑞·韦德尔和杰克·皮尔斯认为："不要一厢情愿地认为支付越多得到越多。华尔街理财与其他事务相反：支付的服务费越多，获得的收益就越低。"

第 10 章

The Bogleheads' Guide to Investing

| 共同基金的税费是
如何征收的

税收对基金收益的巨大影响长期以来一直未得到重视。

——约翰·博格

在第 9 章中，我们了解到了成本的重要性及其对共同基金收益的减少作用。本章将讨论最大的一项成本。了解共同基金税费如何征收之后，我们可以采取措施来大幅减少税费对投资收益的拖累。约翰·邓普顿爵士（Sir John Templeton）曾说过："所有的长期投资者都只有一个目的，即获得税后最大总收益。"这句话很有道理。

| 税费的破坏性影响 |

已有多项研究对联邦税收如何减少共同基金投资者的收益进行了探讨。其中时间最长的一项研究是受查尔斯·施瓦布委托，于 1963 年到 1992 年开展的。该研究历时 30 年，最终得出结果，处于高税收等级的纳税人如果使用税收递延账户在 1963 年投资 1 美元，则可在 1992 年获得 21.89 美元的收益。同时，如果使用应税账户投资，同样的 1 美元只能获得 9.87 美元的收益，不及前者的一半。这些数字清楚地展现了税收与复利对税后收益产生的巨大差异。

约翰·博格进行了一项为期 15 年的研究，于 2009 年 3 月 30 日结束。研究发现，股票型基金的平均收益率为税前 5.4%，税后 3.7%，税费拖累为 1.7%。在同一时期，更节税的先锋集团标普 500 指数基金的年度收益率为税前 6.7%，税后 6.1%。

格斯坦·费希尔研究中心（Gerstein Fisher Research）对共同基金投资者承担的税费拖累进行了一项近 15 年研究，于 2013 年 6 月 28 日结束。研究的结论认为，主动型基金的税费拖累范围为每年 0.7% 至 1.2%，被动型基金的税费拖累比例则为每年 0.51%。幸运的是，与费用率相似，如果我们愿花时间学习如何去做，减少税费也是可控成本。这一内容将在本章和下一章中会谈到。

共同基金的征税规则

如果想要减少所投资的共同基金的税负，就有必要了解美国联邦政府对共同基金和共同基金持有者的征税规则。为使内容尽可能简单明了，各州不同的所得税税率和管理规定将忽略不计。

需纳税的共同基金收入共有两种——股息和资本利得。这两种收入的税率会因类型不同而有所区别。了解其中的差异对投资者具有重要意义。

股票利息

股票利息是基金收益的主要来源。自 1926 年可靠数据首次公开以来，股票利息已占总收益的 35% 左右。2013 年第三季度，标准普尔 500 指数成分股中的 84% 都支付了股票利息。

在《2003 年就业增长与税收减免协调法》（the Jobs and Relief Reconciliation Act of 2003）出台之前，股票利息的征税按投资者的最高边际收入税率征收。然而，该法令对大部分获得股票利息的投资者却实行了税收减免。大部分美国公司支付的股票利息都符合 2003 年法令的税率降低标准。2014 年，股票利息符合标准的最高税率分别为：

1. 对个人所得税税率为 10% 或 15% 的数额免税；

2. 对个人所得税税率为 15%~39.6% 的数额征税 15%；

3. 对个人所得税税率为 39.6% 的数额征税 20%。

债券收益依旧按普通个人所得税税率征税，与此相比，对合格股息降低的税率提高了股票的节税程度。同时，股票的资本收益税率也有所降低。因此，我们通常会建议将股票分配在应税账户中，而将债券分配在税务优惠账户中。

具有税费意识的投资者在使用应税账户时应与共同基金公司确认，打算购买的股票共同基金是否主要投资在支付"合格"股息的股票上。美国公司支付的股息大多符合低税率资格。例如，2013 年，在先锋集团全股市指数基金中，95% 的股息符合低税率资格。而全海外股票指数基金的股息仅有 68% 符合低税率资格，但海外股票基金可以享受国外税收的抵免。这两种全市场指数基金都非常节税，因此是应税账户的极佳投资选择。

债券利息

债券共同基金分红其实是债券收益，但向股东派发时被描述为利息。债券利息并不符合国税局的低税率要求。因此，应税账户中的债券基金股息需按投资者的边际所得税税率交税，高达 39.6%。精明的投资者该怎么做？他们会尽可能使用免税账户购买应税债券。

资本利得

对股票和债券股息有了基本的了解后，我们来讨论资本利得。当股票或债券出售获利时，就会出现资本利得。股票或债券股票的购买成本和出售时的赎回价格之间的差额即利润。如果股票或债券股票的出售价格低于其购买成本，差额则为资本损失。

已实现的资本利得和损失

共同基金经理几乎每次出售证券都会带来资本收益或资本损失。在基金的当年财政年度结束时，基金经理将会合计基金组合证券出售带来的所有利润与损失。如果合计结果为净利润，资本收益将会发放给基金股东，并填报国税局 1099–DIV 报税表。如果合计结果为净亏损，基金经理将会用未来几年的收益来抵销超额损失。

未实现的资本利得和损失

未实现的资本利得代表在基金中尚未出售的证券具有的利润价值。如当前市场价值高于买入价值，则待出售的证券拥有未实现利得。如当前市场价值低于买入价值，则待出售的证券呈现未实现损失。这些未实现利得和损失相加就是未实现的利润或亏损，可在基金招股说明书和财务报表中查询。

未实现收益及亏损的税务问题

在使用应税账户购买基金之前，投资者应确定基金未实现利得或损失的数额，因为未实现利得可以成为实现利得，对周转率较高的基金尤为如此。杰森·茨威格在 1999 年 7 月发表于 *Money* 杂志的《共同基金税务炸弹》（*Mutual Fund Tax Bombs*）一文中举了一个极为可怕的例子：

> 1998 年 11 月 11 日，旧金山的一位医生投资 50 000 美元购买了名为 BT Investment Pacific Basin Equity 的共同基金。次年一月，买入 BT 基金刚满七周，他就为自己的投资感到震惊。他投资的 50 000 美元已经获得了 22 211.84 美元的应税资本收益。但这些资本收益都是短期利得，X 医生需按 39.6% 的普通所得税税率缴税。他突然产生了近 9000 美元的税费。同时，作为一名加利福尼亚居民，他还需缴纳 1000 美元的州税。

尽管杰森所举的例子较为极端，但展示了资本收益发放分配如何导致意想不到的沉重税负。

但是，不应因为未实现利得而排除所有基金。税收管理型基金经常有大量未实现资本收益，但是仍然达到了有效的节税效果。基金经理通过推迟销售盈利基金（积累未实现收益）或销售可以抵销的亏损资金来实现节税目的。

短期和长期资本利得

持有 12 个月或以下的证券或共同基金所获得的利润为短期资本利得。持有一年以上的证券或共同基金的利润为长期资本利得。

短期和长期资本利得的税率不同。对精明的投资者来说，这一差异非常重要。短期资本利得需作为普通收入按持有者的最高边际税率缴税，而长期资本利得应交的最高税率为 15%，**约为前者的一半**。

持有共同基金超过一年是大幅减少其税费的最简单有效的方法。买入并持有是使用应税账户的有效策略。

周转率对税费的影响

从上文中可以看出，在基金内部的证券出售之前，获利证券不需缴纳资本利得税。因此，精明的投资者都会寻找周转率较低的基金。这主要在以下两方面减少税负：

1. 低周转率表明该基金的证券被持有的时间期限更长，产生的应税实现资本利得相应较少；
2. 售出的基金应交的长期资本收益税税率较低。

为在应税账户中最大程度节税，我们应该优先选择以下几类基金：

1. 股息低的基金；
2. 分红"合格"的基金；
3. 资金周转率低的基金；
4. 节税指数基金和税收管理型基金。

如何利用应税账户投资

精明的投资者优先使用免税退休计划投资，我们将在第11章中进行讨论。但不幸的是，许多投资者并不符合美国国税局批准的退休计划标准，或即使符合，也存在最大投资限额，这就需要使用应税账户投资剩余资金。

如上所述，当使用应税账户购买共同基金时，尽量购买节税的共同基金或交易型开放式指数基金。然而，节税是相对的。解决办法是使用税收优惠账户购买节税程度最低的基金，使用应税账户购买节税程度最高的基金。各资产类别基金的节税程度排序见图10-1。

节税程度最高

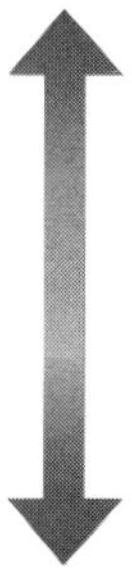

- 低收益现金、货币市场
- 税收管理型股票基金
- 全市场股票指数基金
- 中小盘指数基金
- 主动型股票基金
- 平衡型基金
- 应税债券基金
- 房地产信托投资基金
- 高收益债券基金

节税程度最低

图10-1 各资产类别基金节税程度排序

目前，共同基金公司需在招股说明书中写明"税前"和"税后"收益。因此，投资者在计划使用应税账户购买共同基金之前应仔细考虑意向基金的税收效率。晨星公司官网对基金的税收效率进行了评级，对投资者具有良好的参考价值。晨星公司提供的"税收成本率"数据指处于美国联邦纳税最高等级的投资者因纳税而导致的基金收益实际下降百分比。此数据覆盖了3年、5年、10年及15年的有效投资期限。我们建议参考最长投资期限的税收成本率，以便涵盖牛市和熊市周期。共同基金的税收效率通常在牛市较低，在熊市较高，如果仅使用短期测评数据可能会导致误导性假设。

仅使用应税账户进行长期投资。不论从成本还是税收角度，重要的是要避免使用应税账户出售或交易获利的共同基金。因为出售获利的应税基金份额会产生交易成本和资本利得税。扣除资本利得税之后，剩余可以投资其他基金的资金就会大大减少。然而，选择一只能够以更少的本金获得更多收益的基金是相当困难的。

使用应税账户购买指数或税收管理型基金。使用应税账户持有管理型基金的问题在于，投资者无法确定其优异的业绩历史能否持续。我们将再次以富达麦哲伦基金为例。

麦哲伦基金曾经是世界上规模最大、业绩最好的基金，多年来一直高于基准指数——标准普尔 500 指数。对麦哲伦基金投资者来说，尽管连续更换精挑细选的基金经理，其业绩依然不尽如人意。截至 2013 年 12 月 31 日，麦哲伦基金的 10 年期年度税后收益为 4%，在同类基金收益排名中沦为最差的 2%。与此相比，先锋集团标准普尔 500 指数基金的税后收益率为 7.29%，在同类基金中排名跻身前 22%。

使用应税账户投资麦哲伦基金的人并没有太多其他选择。持有税收效率低下且业绩不佳的基金必须缴纳高额年度个人所得税和资本利得税，而转投其他基金则需为前期所有收益缴纳资本利得税。

共同基金经理的平均任期仅为五年左右。这意味着，如果我们根据基金经理的表现来选择管理型基金，在很长一段时间之后，所选择的基金一定会更换管理者，而其业绩历史无法保证。我们认为，对应税账户而言，解决这个问题的最好办法是购买低成本、低周转率且节税的指数基金，此类基金不受管理者的股票挑选技能（或运气）影响。此类基金具有节税和低成本的特点，与其基准指数一致，可被无限期持有。

税收管理型基金如何节税

大多数共同基金公开的绩效数据都是税前数据，几乎所有基金经理的报酬都以税前收益为基础。基金经理买卖证券时发生的税费则转嫁给基金股东承担。因此，追求更高收益的共同基金管理者没有理由尽力为股东节税。

20 世纪八九十年代，股市处于牛市阶段，许多投资组合经理持有的股票都获得了巨额收益。许多共同基金管理者像操盘手一样频繁买卖股票，而非将其用于长期投资。

许多管理者的周转率超过了 200%，这意味着每只股票的平均持有期限仅为六个月。基金经理每出售一次获利基金，其收益就会派发给股东。用不了多久（约为 4 月 15 日），共同基金股东就会发现所获的大部分收益都被税收严重蚕食。因此，共同基金持有者会要求管理者追求低税费和更高的税后收益。符合要求的是税收管理型基金。

税收管理型基金能够通过以下多种减税手段减少或消除股东税负。

1. **低周转率**。许多税收管理型基金使用指数型方法来利用指数的固有优势，并依此保持低成本（收益更高）和低周转率（资本利得更低）。

2. **使用 HIFO 会计处理方式**。对税收敏感的基金管理者会首先卖出成本最高的份额，以此将股东最终得到的资本利得控制在最小范围。

3. **税损收割**。基金经理会使用这种策略出售亏损股票以积累税收损失，随后可被用以抵销获利股票的资本收益。

4. **选择支付股息较低的股票**。股息将被首先用于支付基金费用，余额则分发给股东，这会导致相应的税费。选择股息较少或为零的股票将使投资人的年度税负降至最低。

5. **长期持有证券**。持有 12 个月或以下的有价证券所获短期收益的税率是长期收益的两倍。对税务敏感的基金经理会尝试持有证券超过一年。

6. **使用赎回费**。为阻止股东出售盈利股票，税收管理型基金通常会收取赎回费，这将导致资本利得和不必要的交易成本。

个人投资组合税务管理策略

投资者无法控制自己的股票和债券市场基金的收益。但是，投资者可以控制包括税收在内的投资成本。大多数投资者只会举手投降说："我不懂税收，太复杂了。"我们认为，只要花点时间了解一些基本规则，大多数共同基金投资者都可以大幅提高其税后收益，而这才是真正重要的。税务敏感型的基金管理者所使用的减税技术也可用于个人投资组合税务管理。

1. **保持低周转率**。使用应税账户买卖基金会产生资本利得税。因此，我们将尝试购买能够"永远"持有的基金。

2. **在应税账户中仅购买节税基金**。我们将尽量在应税账户中只购买节税基金。这通常指低周转率的指数基金和 / 或税收管理型基金。

3. **避免短期利得**。短期利得的税率是长期收益的两倍左右。因此，我们将尝试持有获利股票超过 12 个月之后再考虑出售。

4. **分红日之后再购买基金**。共同基金每年支付应税分红至少一次。如果在分红日即将到来之前买入，我们将不得不支付股息税。如果在分红之后买入，我们的购入价值依然不变（假设市值不变），但可以避免为股息交税。

5. **在分红日之前出售基金**。在分红日之前售出可能会免交一小部分税费。

6. **不要在年底出售获利股票**。如果在 12 月出售份额，此部分的税费将与该年度的收益共同缴纳。若等到 1 月再卖出，此部分税费则会在一年后申报。通常来说，提前交税没有任何意义。

7. **税损收割**。在应税账户中出售亏损证券的目的在于使用亏损带来的税收损失减少目前和未来应交的所得税。

税损收割

First Quadrant，LP 公司进行了一项研究，对 25 年间 500 种资产的收益进行了模拟，以测评税损收割的优势。研究发现，与被动策略相比，税损收割具有明显优势。他们发现，与典型市场条件下的单纯买入卖出策略相比，税损收割可将投资组合中值增加 27% 左右。即使在清算之后仍然具有 14% 的巨大优势。

我们以 12 月为例来解释税损收割的工作原理。本年度，你出售或更换了一只应税基金，获得 2000 美元收益，同时，你投资的另一只基金亏损 6000 美元。你应该这么做：

1. 在年底之前卖出亏损 6000 美元的基金；
2. 使用 2000 美元的税收亏损抵销 2000 美元的基金收益，剩下 4000 美元的税收亏损余额；
3. 使用 3000 美元亏损余额（最大限额）减少你在当前所得税申报第一页中填报的收入。此时，税收亏损余额为 1000 美元。
4. 剩余的 1000 美元亏损将作为"资本亏损结转"计入次年收益。

若想再次购买已卖出的亏损基金，你必须等待 31 天才能避免税损驳回，否则将被视为虚假销售。在 31 天的过渡期内，可以将出售亏损基金的收益存入货币市场基金。一些投资者不愿在这 31 天内离开市场。在这种情况下，可以选择在等待期内买入类似（但不是完全相同的）基金。博格投资论坛的维基百科中对税损收割进行了更详细的介绍。

| 应税账户中的债券 |

债券复杂的程度令人迷惑，经常包含限制性条款和隐藏费用。和很多事情一样，知道的越多，就会发现自己不知道的越多。这是为什么我们认为与直接购买债券相比，持有由经验丰富的债券基金经理监管的基金更适合大多数投资者。直接从美国财政部购买国债则是例外。

市政债券基金

地方政府债券基金（通常被称为市政或免税债券基金）将至少 80% 的资产投资于联邦免税债券。单个州的地方政府债券基金仅持有单个州的债券，以便为其居民提供免除联邦和州税的收益。部分高收入纳税人的税收递延账户的所剩额度已经不足以购买应税债券，地方政府债券和债券基金对其非常有利。与同类应税债券相比，市政债券和债券基金的收益率一般较低。因此，你需要计算拟购买的免税债券基金的收益率，然后将其与相对应的应税债券基金的收益率进行比较。比较方法如下。

假设你所处的联邦所得税等级为 28%，拟购买收益率为 5.75% 的免税债券基金。为比较 5.75% 的收益率与同类应税基金的税后收益率哪个更高，只需将收益率（5.75%）除以 0.72（1−0.28）即可。结果为 7.99%。如果同类应税债券基金的收益率高于 7.99%，则购买应税基金较为划算；若低于 7.99%，免税基金则是更好的选择。

不过这种简单的计算方法未考虑国家所得税的影响，但实际上你应该考虑。由于美国各州的税率和计算方法均不相同，计算便会变得复杂。幸运的是，晨星公司官网提供了计入税收因素的免费收益计算器，允许你在比较应税和免税债券及债券基金的收益时加入所在州的所得税税率。可在晨星公司主页上点击"工具"链接查找该计算器。

美国储蓄债券

如果你需要使用应税账户购买债券，那么美国储蓄债券（I 和 EE 系列债券）是另一种明智的节税投资方法，应被纳入考虑范畴。这种债券的延税期限长达 30 年，且免交州税和地方税。美国储蓄债券在第 3 章中已有详细介绍。在本章中，我们对影响共同基金投资者的各种税收进行了介绍，并讨论了一系列将应税投资的税负最小化的策略和投资方法。在下一章中，我们将介绍使用免税账户时可采用的税收策略。

第 11 章

The Bogleheads' Guide to Investing

最大化提高投资组合的税务效率

在投资者支付的所有费用中，税收可能是总收益的最大侵蚀者。

——先锋集团

充分利用好免税账户

我们认为，对于大多数投资者来说，减少税收的最好方式是利用国税局的税收优惠退休计划，这一计划的设计目的在于鼓励人们储蓄养老［如401（k）、403（b）、个人退休账户等］。如果自己不存钱，政府或家庭就会被迫承担我们的生活费用。目前，有几十种税收优惠退休计划可供工薪家庭选择。不幸的是，这些计划总是在不断变化，且十分复杂。例如，美国国税局590号文件包含了税务申报准备的个人退休账户说明。但现行的大量退休计划细节过多，无法一一介绍。不过，我们将笼统介绍最流行的几种退休计划，以便根据自身的具体情况做出最佳选择。

401（k）计划

美国的401（k）计划是一种递延补偿计划，员工可以选择在税前金额（有限制条件）的基础上将其工资的一部分放入此计划中，最高限额为17 500

美元。50 岁及以上的工薪阶层允许额外增加 5500 美元，即他们的投资限额为
23 000 美元。一般情况下，员工参加的所有递延补偿计划需统一计算以确定
是否超过了投资额度限制。雇主在递延补偿计划中的投入不计入员工的工资
纳税单，在所得税申报表中也不以收入计算。然而，该部分收入在社会保障、
医疗保险和联邦失业税中被视为工资。

401（k）计划的优势

公司 401（k）计划是最大的单独指导型储蓄计划。不同公司的 401（k）计
划往往具有较大差异，然而，几乎所有公司的 401（k）计划都具有以下优势：

1. 与其他退休计划不冲突；

2. 自动划转；

3. 投资金额可变；

4. 员工对其投资金额具有全部支配权；

5. 大多数计划为雇主提供相匹配的投资比例；

6. 401（k）计划比个人退休账户的员工投资限额更高；

7. 属于投资可选范围（通常是共同基金）；

8. 接受困难提款和贷款；

9. 如有工作变动，可将 401（k）计划转存入个人退休账户或更换
   为新公司的 401（k）计划（可转移）；

10. 为债权人提供债权保护。

401（k）计划的缺点

1. 管理和投资成本较高；

2. 部分公司未投入相应比例；

3. 很多投资选择并不明智；

4. 经常缺少足够的信息和建议；

5. 资本利得被视为普通收入；

6. 支配个人资金受限。

高成本是许多401（k）计划存在的较大问题之一。许多雇员（及其雇主）并不清楚401（k）计划的真正成本。大多数成本从未出现在计划参与人的报表中。

费用和成本通常包含以下四类。

1. **计划管理费**指计划的记录保管、会计、法律和受托人服务所产生的费用。还包括电话语音应答系统成本、客户服务代表费用、教育研讨会、退休计划软件，以及网站更新等费用。

2. **投资费**是401（k）计划费用和成本中的最大组成部分。这些费用与计划资产管理有关。投资费用按投资资产的固定比例收取。投资费为间接支付，从你的投资收益中直接扣除。

3. **单独服务费**未包含在该计划的管理和投资成本中，属于单独收取的费用。例如，参加人向计划申请贷款时可能需要交纳单独服务费。

4. **销售佣金**指经常隐藏的实质成本。

总之，很明显，即使规模较小的401（k）计划也具有昂贵的管理成本。可以想象，这些费用的支付来源由公司决定，可由公司支付、雇员支付或二者共同支付。雇员往往在未察觉时便支付了这些账单，其收益会因此减少，而选择个人退休账户或其他节税的投资方式很可能会获得更高的收益。

如何查明隐藏费用

如果401（k）计划允许直接在本人账户中管理投资资产，计划管理者应提供招股说明书副本，此说明书将显示包括销售费用在内的全部资金管理费用。计划管理者应为你提供将收取的任何其他交易费用和成本说明。

账户声明通常至少每年提供一次。如果年度声明未按时提交，那你需主动索要。未收到或延迟收到账户声明财务报表是一种警告，意味着你的公司计划可能存在风险。

401（k）计划摘要说明（Summary Plan Description，SPD）将告知投资人计划收益及其运营方式。还可能指明管理费用是否由计划（投资者本人）或雇主支付。由雇主支付是一个好兆头，意味着雇主关心员工福祉。当投资人首次参加401（k）计划时，都应向他提供SPD副本。

每个401（k）计划都会以5500系列表格的形式提交年度报告。本官方文件不仅包含有关该计划的资产、负债、收入和支出信息，还包含总管理费用和由该计划支付的其他费用。然而，5500系列表格既不会显示从投资收益中扣除的费用或由个人账户支付的费用，也不会显示由雇主支付的费用。你有权要求计划管理者提供副本（可能收费）。

401（k）计划中的投资选择范围是受限的。常见的投资可选范围包括股票和债券基金、货币市场基金、担保投资合同（GICS）、就职公司的股票、银行账户和定期存单。多亏《养老金保护法案（2006）》（The Pension Protection Act of 2006）的出台，目前，越来越多提供传统401（k）和403（B）计划的组织开始提供罗斯401（K）和罗斯403（B）计划。不幸的是，许多401（k）计划提供的低成本共同基金并不足以建立多元化的资产分配方案。如果你的401（k）计划不满足要求，根据其成本和本书提到的标准，我们建议你采取以下方法：

1. 在401（k）计划中的投资份额与公司比例相匹配。公司的投资数额是免费的，不能放弃；
2. 如果符合条件，在个人退休账户中投资至最高限额；
3. 在401（k）计划中投资至最高限额；
4. 剩余资金应该投资于节税的共同基金。

403（b）计划

401（k）计划适用于营利机构，而403（b）计划则专为学校、教堂、慈善组织等非营利机构设计。根据跟踪403（b）行业的Spectrem Group数据，这些计划的投资额为5780亿美元，其中约80%被纳入年金之中。其余的大部分都投资于独立的共同基金。对公立学校的员工来说，403（b）计划仅是一种薪酬延期计划。401（k）和 403（b）计划的相似之处在于他们都允许员工推迟缴纳部分工资的税务，并允许相匹配的投资额，且最高限额通常相同。

403（b）计划的主要缺点在于投资选择受限。大多数只提供券商和保险公司出售的高成本养老金。为年金税务递延支付额外税费（年金公司除外）没有任何意义，因为 403（b）计划或其他税收递延计划已经提供了相同的延期纳税优势。

少数 403（b）计划提供了包括保险公司、经纪公司和共同基金公司在内的多种投资选择。这使得 403（b）计划的参与者处于收取佣金的推销人员的支配之下，他们往往具有严重的利益冲突。永远不要忘记，从收益中扣除的费用越高，退休账户剩下的金额越少。

如果你参加了 403（b）计划，重要的是要花时间去进行基本了解，以便在发现无法接受当前选择时做出改变。网上提供了很多有价值的 403（b）计划额外信息。如果发现自己的选择是受限的且/或成本高，你完全可以将资金转移至富达、T. Rowe Price 或先锋集团等其他提供低成本 403（b）计划的公司。这种转移被称为 90-24 转移。

个人退休账户

传统的个人退休账户（IRA）是一种具有税收优惠的个人储蓄养老计划。在传统的 IRA 计划中，投资额可以抵扣全部或部分税费。IRA 账户的收益和可免税的投资金额在分红之后计税。多种金融机构均可建立传统的 IRA 账户，如基金公司、银行、保险公司和证券公司等。

IRA 账户具有投资额度限制。个人对传统和罗斯个人退休账户的投资额上限为 5500 美元。50 岁及以上者可追加至 6500 美元。投资额度根据通货膨胀情况进行相应调整。如果一对夫妇进行报税时满足特定要求，其额度上限有可能比个人额度增加一倍。对于参与养老金计划的具有较高收入的工薪阶层，税务减免幅度可能会降低或取消。当前收入限制详见美国国税局 590 号表格。

IRA 账户资金提取

所有 IRA（罗斯 IRA 退休账户除外）账户余额提取都需按个人所得税边际税率纳税。如果在 59.5 岁之前从传统 IRA 账户中提取资金，需缴纳领取待遇收入 10% 的税务罚款。以下几种例外情况可免交此部分罚款：

1. 已报销的医疗费用在调整后总收入中占比超过 7.5%；

2. 提取金额不超过医保费用；

3. 残疾人；

4. 是已去世的 IRA 持有者的受益人；

5. 账户金额以年金形式支付；

6. 提取金额不超过符合条件的高等教育费用；

7. 提取金额用于购买、建造或翻修首套住房（已婚家庭最高额度为 20 000 美元）。

不可抵税的传统个人退休账户

美国国税局允许投资不可抵税的传统个人退休账户。但不幸的是，这种个人退休账户（除罗斯 IRA 账户之外）除不可抵税之外，还有不可忽视的两个显著缺点。在此类型的账户中，资本利得被转为税率更高的个人普通收入，且需填写国税局 8608 号纳税申报表以追踪投资额和课税标准。每次提取均计入次数且需根据国税局 8608 号表格确定所提取自己的应纳税（收益部分）比例和免税比例（投资本金）。如果决定转为罗斯 IRA 账户或拟合并 IRA 账户，则会导致高额税费后果。

1996 年签字生效的《增税预防和调整法案》（The Tax Increase Prevention and Reconciliation Act）对从传统 IRA 账户转移至罗斯 IRA 时产生的延期交税取消了收入限制。基于这种法律规定的变化，过去无资格投资罗斯 IRA 计划的高收入群体可直接投资，又被称为后门罗斯计划。其工作原理如下：由于收入限制无法投资传统 IRA 计划的投资者会首先投资不可抵税的 IRA 计划，并立即转换至罗斯 IRA 计划，以此成功躲避罗斯 IRA 直接投资的收入限制。这就是此计划被称为"后门罗斯"的原因。

罗斯个人退休账户

与传统个人退休账户类似，罗斯个人退休账户也是一种个人储蓄计划，但是其工作原理在某些方面正好相反。例如，罗斯个人退休账户的投资资金不可抵税，但部分传统个人退休账户投资资金可以抵税。这两种个人退休账户中的证券都不计税。但提取资金时，传统个人退休账户的提取全额计税，不可抵税个人退休账户的提取部分计税，而罗斯个人退休账户的提取部分不计税。

罗斯个人退休账户与传统个人退休账户的区别

罗斯个人退休账户与传统个人退休账户有何不同？表 11-1 展示了这两种账户的主要区别。

表 11-1　　　　　　　　　罗斯个人退休账户与传统个人退休账户对比

问题	传统个人退休账户	罗斯个人退休账户
对创建账户和投资是否具有年龄限制	是。需在当年年底之前年满 70.5 岁	否。任何年龄段均可
投资额是否有上限	是。不得高于 5500 美元或本人税收补偿，以较少者为准。50 岁及以上者的投资上限为 6500 美元	是。50 岁及以上者的投资上限为 6500 美元，但根据个人收入、纳税状态及名下是否具有其他 IRA 账户情况，上限可能有所降低
投资缴费能否减少	是。取决于个人收入、纳税状态以及是否参与其他 IRA 账户，是否享受社保福利等情况	否。任何条件下都无法减少
是否需要填写纳税申报表	否。但如果你的投资额不可抵税，需填写 8608 号表格	否。无须填写申报表格

续前表

问题	传统个人退休账户	罗斯个人退休账户
在特定年龄段是否需要接受分红	是。在70.5岁之后，每年4月1日都必须接受具有最低限制的分红	否。对任何年龄段均无强制接受分红要求
分红如何计税	按普通收入计税。不可抵税IRA账户分红仅部分计税	在符合特定标准的前提下不计税，标准详见美国国税局590号文件
是否针对分红填写纳税申报表	除非你从未使用传统IRA账户进行过不可抵税的投资。如有，则需填写8606号表格	是。如接受过罗斯个人退休账户分红，则需填写8606号表格（延期纳税、重新定性或特定投资返还除外）

来源：美国国税局590号文件

　　关于哪种账户更具优势这一问题很难回答，因为有很多因素需要考虑。以下原因可供参考。

倾向选择传统（可抵税）IRA账户的原因

1. 收入过高受限无法投资Roth账户；

2. 接受退休后的收入低于当前水平；

3. 希望未来交税比例降低；

4. 目前需要税费抵扣；

5. 传统IRA账户或可提供更好的债权人保护。

倾向选择罗斯IRA账户的原因

1. 接受未来交税比例提高；

2. 罗斯IRA账户价值更高。原因在于罗斯IRA账户资金为税后金额，而传统IRA账户中的资金为税前金额；

3. 可以提取资金。罗斯个人退休账户对提前支取资金无惩罚措施；

4. 所提取的资金不需申报收入，因此不会影响社会保障支出或增加调整后总收入；

5. 年满 70.5 岁之后无最低分红要求，允许继承人利益的持续增长；

6. 任何年龄段均可投资，而传统 IRA 账户的投资年龄需小于 70.5 岁；

7. 与传统个人退休账户不同，继承人不需对收益支付所得税。

如何选择适合自己的个人退休账户

不同 IRA 账户具有明显的利弊因素。你或你的投资顾问必须根据自己的情况决定选择不同的个人退休账户。幸运的是，你可以通过在线 IRA 计算器获得帮助。晨星公司官网（"工具"栏）和先锋集团官网（"搜索"栏）都提供在线 IRA 计算器。如果你无法决定，不要担心。不论投资传统（可抵税）IRA 账户或罗斯 IRA 账户都是养老投资的最节税方式之一。

IRA 账户更换

传统个人退休账户允许持有者更换为罗斯个人退休账户。当然，政府不可能忽略可抵税 IRA 账户的持有者从未为收益纳税这一事实。因此，你必须交够税费才能切换到免税账户。任何转移金额均会被相应地添加到你的调整后总收入中，并需在更换账户一年内缴纳所得税。

什么时候应该更换 IRA 账户？以下几种情况可以列入考虑范围。

1. **你购买传统 IRA 账户的原因是减税需求。**目前你已不再需要年度减税，因此从罗斯账户进行免税提款更为划算。

2. **你认为未来纳税比例会上升。**更换账户的金额按当前税率征税比以你所预计的未来更高的税率更划算。

3. **你在当前由于失业、休假、退休或尚未获得社保补助等原因处于低收入时期。**你目前靠储蓄、借贷或其他免税收入维持生活。目前是更换 IRA 账户的绝佳时期，至少会将你的纳税等级降为最低，并且提取资金还免征个人所得税。没有比这更好的！

是否更换 IRA 账户以及何时更换和如何更换是一个艰难的决定。如果你打算将传统 IRA 更换为罗斯 IRA 账户，我们建议你使用在线转换计算器。T. Rowe Price 公司、先锋集团和晨星公司网站都提供转换计算器来帮助你做决定。

合理配置基金以获得最大的税后收益

许多投资者只具有有纳税优惠的退休账户，有些投资者则只有应税账户。然而，也有许多人同时拥有税收递延和应税账户。将资金放置于恰当的账户中以获得最大的税后收益非常重要。

基金配置规则很简单：使用税收递延账户最大限度持有节税效率最低的基金，其余基金则放入应税账户。图 11-1 展示了对不同类型的资产按节税效率由低到高进行排序的情况。

```
高收益债券
海外债券
应税国内债券
通胀保护债券（TIPS）
房地产投资信托债券（REIT）
平衡基金
股票交易账户
低值股票
小盘股票
高值股票
大盘股票
海外股票
大型增长型股票
大多数股票指数型基金
纳税管理型基金
EE 和 I 系列债券
免税（市政）债券
```

图 11-1　不同类型的节税效率排序（从低到高）

我们可以用一个简单的例子来说明基金配置的重要性。假设你持有两只基金，分别为 5 万美元的股票基金和 5 万美元的债券基金，共计 10 万美元。然而，你的税收递延退休账户只能容纳 5 万美元。债券基金的节税效率低于股票基金，所以你会使用退休账户持有债券基金，使用应税账户持有其余基金（股票基金）。表 11–2 展示了 30 年后的收益。

表 11–2	使用应税账户持有股票基金的收益		单位：美元
	应税账户中的股票基金	税收递延账户中的债券基金	总价值
初始价值	50 000	50 000	100 000
30 年后的价值	820 490	380 613	1 201 103
资金提取纳税额	100 499	95 153	195 652
税后价值	719 991	285 460	1 005 451

所用的预测值：股票收益率为 10%，分红收益率为 1.5%，分红和资本利得税率为 15%，债券收益率为 7%，个人所得税税率为 25%

从表 11–2 可以看到，30 年后的税后总价值为 1 005 451 美元，超过了 100 万美元。下面我们从表 11–3 中可以看到相反放置方法的收益：使用应税账户持有债券基金，使用税收递延账户持有股票基金。

表 11–3	使用应税账户持有债券基金的收益		单位：美元
	应税账户中的债券基金	税收递延账户中的股票基金	总价值
初始价值	50 000	50 000	100 000
30 年后的价值	232 078	872 470	1 104 548
资金提取纳税额	0	218 118	218 118
税后价值	232 078	654 352	886 430

所用的预测值：股票收益率为 10%，分红收益率为 1.5%，分红和资本利得税率为 15%，债券收益率为 7%，个人所得税税率为 25%

在这种相反的配置方法下，你最终的投资价值为 886 430 美元。通过把不同基金配置于恰当的账户中，你所获得的税后收益可以增加 119 021 美元（1 005 451 美元 –886 430 美元）。由此可见，恰当的基金配置方式很重要。

节税建议

我们为具有节税意识的投资者提供了以下 14 条减税建议，其中大多数都简单可行。我们认为，这是大多数纳税人获得最大税后收益的最好办法：

1. 使用税收优惠账户，如 401（k）、403（b）、个人退休账户、529 预付学费计划等；
2. 在分红之后再购买基金股票；
3. 使用退休账户持有节税效率低的基金，使用应税账户持有节税效率高的基金；
4. 使用应税账户中持有纳税管理型或节税型指数基金；
5. 避免使用应税账户持有平衡型基金（股票和债券）；
6. 降低节税基金周转率以避免资本利得税；
7. 持有一年以上以避免产生短期收益；
8. 在年终前出售亏损股份（税损收割）；
9. 在下一年开始之后出售盈利股份（延迟纳税）；
10. 在出售基金份额之前确定最有利的纳税方法；
11. 使用应税账户持有市政债券和美国储蓄债券；
12. 在收入较低时更换为罗斯个人退休账户；
13. 证券所得资本利得较高时考虑向慈善机构捐赠；
14. 应税账户中的增值部分在继承时免征资本利得税和个人所得税。

免责声明：建议根据自身情况咨询有资质的专业会计师或税务律师。

第 12 章

保持投资组合的
多样化

多样化是无知的保护伞。

——沃伦·巴菲特

避免 "鸡蛋都放在同一个篮子里"

有一句投资名言经久不衰: "不要把所有的鸡蛋都放在同一个篮子里。"
这是绝对正确的。很多员工现在一贫如洗,正是因为他们将大部分或者全部
退休计划都用于投资前公司飞涨的股票,如世界通信公司、安然公司或其他
任何已经破产的公司。这些员工不仅失去了自己的退休生活资金,也失去了
工作。

还记得曾经的互联网科技泡沫吗?在这股热潮的浪尖上,许多投资者把
全部家产压在标榜 "永不失败" 的新兴互联网公司股票上,并沉醉于新得到
的账面财富。然而,其中的大多数人最终还是以失败收场。大多数互联网科
技投资者以为这条投资道路能使他们提前退休。对一些人来说,确实如此;
但对大多数人来说,这事实上是非常昂贵的多样化教训,或更确切地说,缺
乏多样化。因此,与希望中的提前退休相反,大多数只投资互联网科技公司
的投资者发现自己的工作时间远远超出了计划的退休年龄。

进行个人投资时需时刻以互联网科技泡沫为鉴。有时,你可能会出于诱

惑对个别十拿九稳的事情进行孤注一掷的投资。所以，在诱惑面前，你要知道的是一些破产的公司都曾在业内数一数二，但最终还是让投资者倾家荡产。这种事例迟早会再次发生，要尽量避免。确保你的投资组合多样化！

多样化可以为投资者提供两种显著效益：首先，有助于降低风险，避免出现我们讨论过的"所有的鸡蛋放在一个篮子里"的情况（所有资金都投资在一家公司身上）；其次，增加收益。

如何实现投资组合多样化

为了实现投资组合多样化，你需要寻找移动方向和时机具有一定差别的投资。当你的一部分投资沿某种方向变化时，其他投资应朝不同的方向移动。尽管投资多样化无法完全消除市场风险，但有助于将风险降低至可以使投资人高枕无忧的水平。

在使用单只股票实现投资多样化的问题上，普遍认为持有 20 至 30 只规模不同、领域不同的公司股票就能达到不错的多样化效果。但这个数字最近受到了猛烈抨击，可能已经站不住脚。我们睿智的朋友威廉·伯恩斯坦在 2000 年秋季出版的《有效边界》（*Efficient Frontier*）一书中以"15 个股票多样化的秘密"为标题对这一问题进行了探讨。以下为原文摘录：

> 是的，弗吉尼亚，你可以按照现代投资组合理论使用少量股票消除非系统风险。但是，非系统风险只是谜团的一小部分。15 只股票不够，30 只股票不够，即使 200 只股票也不够。拥有整个股市是唯一能真正使股票所有权的风险最小化的途径。

对大多数投资者来说，通过投资大量股票来试图"拥有整个市场"是不现实的，因为这将产生巨额成本。如上所述，我们认为共同基金为普通投资者实现投资组合多样化提供了一个最省钱但效果最佳的选择。共同基金持有的单只股票达到上百甚至上千个，为投资者提供的多元化程度比持有单只股票投资组合更高。例如，仅需购买一只股票基金，如先锋全股市指数基金

（VTSMX），即可以相对低廉的成本拥有几乎整个美国股票市场。不论个人退休账户还是应税账户，VTSMX 基金的最低申购价格均仅为 3000 美元。

除了通过持有单只基金来拥有股票市场之外，还有许多其他方式可以使用共同基金创建广泛多样化的全资产类型投资组合。实现进一步多样化的方法是购买拥有不同细分市场的共同基金。股票基金分为美国股票基金和海外股票基金。在各主要市场类别中，共同基金根据不同规模（大盘股、中型股、小盘股、微盘股）或不同投资方式（混合、核心股、价值股、成长股）对市场进行进一步细分。一些基金集中于某个特定市场领域（如医疗保健或技术等），还存在商品共同基金（黄金、贵金属等）。

为实现进一步多样化，我们需要把眼光放到全股票投资组合之外。即将介绍的是债券和债券共同基金。由于债券价格与股票价格有时呈相反走势，我们可以通过在投资组合中同时持有股票和债券以保证投资的安全性。

与股票类似，债券具有多种类型，如短期债券基金、中期债券基金和长期债券基金。其投资对象包括政府债券、公司债券和市政债券。一些债券基金会投资评级高的投资级债券，其他债券基金则会投资评级较低的垃圾债券。不同债券的更多信息参见第 3 章。

当投资产品（如股票和债券）的波动方向不完全吻合时，其关联系数较低。理解关联系数原则并不难。两种投资的关联系数范围为 1.0（完全相关）至 –1.0（负相关）。基本上，如果两只股票（或基金）通常以相同的速度移动，则具有高度关联性，而当两种投资以相反方向移动时，则为负相关。两种投资之间的（同步上涨或下跌）完全相关，评级为 1.0；如两种投资的波动方式彼此独立，完全不受另一方影响，则零相关，其关联系数为 0；如两种投资总是朝相反方向移动时，则为负相关，评级为 –1.0。

在实际操作中，你会发现大多数可供选择的投资的相关系数都介于 1.0（完全相关）和 0（零相关）之间。很难找到预期收益率相似的负相关资产。关联系数越接近 1，两种资产之间的相关性越高，而系数值越低，两者之间的相关性就越低。因此，如果两种资产的关联系数为 0.71，则意味着这两种资产不具有完全相关性，但关联系数为 0.52 的基金将提供更大限度的多样化，因为系数值更低。

与一些投资者的想法不同的是，仅靠拥有大量共同基金并不能自动实现更大的多样化。持有高度重叠且关联的基金的投资组合对多样化并无裨益。R^2 是一种投资界用以区分投资是否高度相关的简单方式。例如，从先锋集团网站上可以看到，根据 R^2 数值显示，表 12-1 中的共同基金与道琼斯美国全股票市场指数相关性较高。如果投资者持有表 12-1 中列出的多个基金，则几乎无法获得额外的多样化益处，因为所有基金都非常相似。

表 12-1　　各基金与道琼斯美国全股票市场指数关联度（截至 2013 年 11 月 30 日）

基金名称与代码	R^2
先锋 500 指数基金（VFINX）	1.00
先锋成长及收益基金（VQNPX）	0.99
先锋 T-M 资本增值基金（VMCAX）	1.00
先锋全股市市场指数基金（VTSMX）	1.00

表 12-2 中展示了博格投资论坛中经常提到的四只流行先锋基金的波动如何与其他先锋基金相关联。从任意两只交叉的基金中即可找到其五年内的 R^2 值。需要知道的是，一般来说，R^2 值越高，在该时间段内持有这两种基金所带来的多样化程度就越低。相反，R^2 值越低，持有这两种基金所带来的多样化程度就越高。因此，将多样化的原则应用于投资组合中，意味着你将要增加与其他基金关联性较低的投资。关于关联性，我们需要记住以下几点。

首先，它们随着时间的推移而改变。例如，主动管理型的小盘基金可能因为过去的良好业绩吸引大量新入资金，并因此开始投资较大的股票。因此，随着时间的推移，其与大盘基准的关联性可能增加，而与以前的小盘基准的关联性可能减少。

其次，仅凭相关性较低无法确定这两种基金是否适合你的投资组合。例如，从表 12-2 中可以看出，先锋贵金属及矿业基金与大多数其他基金的相关性都较低，但该基金的收益相当不稳定，因此并不适合一些投资者。

表 12-2　　5 年期基金 R² 值样表

基金	500 指数	全股票市场指数	全海外股市指数	REIT 指数	小盘价值指数	税收管理型海外	税收管理型小盘	全债券市场指数
500 指数		0.99	0.78	0.12	0.59	0.76	0.61	0.10
资产配置	0.95	0.94	0.80	0.13	0.56	0.78	0.55	0.04
平衡指数	0.95	0.96	0.82	0.20	0.65	0.80	0.65	0.02
卡尔弗特社会指数	0.97	0.96	0.69	0.11	0.54	0.67	0.58	0.13
资本机会	0.88	0.91	0.64	0.12	0.57	0.61	0.66	0.10
资本价值	0.94	0.94	0.79	0.14	0.59	0.77	0.62	0.06
可兑换证券	0.56	0.61	0.55	0.22	0.62	0.53	0.64	0.01
发达市场指数	0.76	0.78	1.0	0.23	0.69	1.0	0.64	0.02
股息增长	0.74	0.77	0.85	0.18	0.73	0.84	0.72	0.03
新兴市场股票指数	0.71	0.75	0.73	0.24	0.72	0.68	0.68	0.04
能源基金	0.24	0.26	0.39	0.06	0.35	0.39	0.32	0
产权收益	0.91	0.90	0.87	0.16	0.66	0.85	0.62	0.04
欧洲股市指数	0.79	0.80	0.92	0.13	0.64	0.92	0.60	0.04
先锋探索者基金	0.73	0.82	0.68	0.23	0.82	0.65	0.91	0.10

续前表

基金	500指数	全股票市场指数	全海外股市指数	REIT指数	小盘价值指数	税收管理型海外	税收管理型小盘	全债券市场指数
延展市场指数	0.78	0.86	0.74	0.26	0.84	0.71	0.91	0.09
环球股票	0.79	0.83	0.89	0.23	0.77	0.87	0.73	0.02
成长及收益	0.99	0.98	0.80	0.14	0.60	0.78	0.63	0.09
成长股票	0.93	0.91	0.62	0.12	0.54	0.60	0.63	0.10
成长指数	0.94	0.93	0.61	0.08	0.46	0.59	0.53	0.16
医疗保健	0.69	0.68	0.63	0.05	0.41	0.63	0.40	0.04
海外成长	0.82	0.85	0.96	0.23	0.76	0.95	0.72	0.04
海外价值	0.76	0.80	0.94	0.22	0.75	0.92	0.71	0.07
海外探索者	0.65	0.70	0.88	0.26	0.73	0.86	0.67	0.01
大盘指数	1.0	0.99	0.78	0.13	0.60	0.76	0.63	0.10
中盘成长	0.64	0.72	0.55	0.19	0.66	0.52	0.79	0.12
中盘指数	0.81	0.88	0.78	0.25	0.86	0.75	0.90	0.08
摩根成长	0.92	0.95	0.69	0.13	0.62	0.67	0.71	0.12
太平洋股票指数	0.20	0.22	0.45	0.31	0.30	0.46	0.27	0

续前表

基金	500 指数	全股票市场指数	全海外股市指数	REIT 指数	小盘价值指数	税收管理型海外	税收管理型小盘	全债券市场指数
贵金属及矿业	0.07	0.09	0.16	0.19	0.24	0.15	0.21	0.05
PRIMECAP	0.93	0.95	0.66	0.11	0.59	0.63	0.66	0.14
REIT 指数	0.12	0.15	0.24	—	0.34	0.23	0.22	0.04
精选价值基金	0.68	0.73	0.80	0.25	0.79	0.78	0.73	0.02
小盘成长指数	0.61	0.70	0.60	0.19	0.82	0.57	0.94	0.11
小盘指数	0.69	0.78	0.73	0.29	0.92	0.70	0.96	0.08
小盘价值指数	0.59	0.67	0.72	0.34	—	0.69	0.94	0.04
STAR 基金	0.90	0.93	0.87	0.23	0.72	0.85	0.72	0.01
策略股票	0.78	0.85	0.74	0.28	0.82	0.71	0.88	0.06
税收管理型平衡基金	0.90	0.91	0.75	0.19	0.59	0.73	0.59	0
税收管理型增值盘	0.99	0.99	0.77	0.13	0.63	0.75	0.67	0.12
税收管理型成长和收入	1.0	0.99	0.78	0.12	0.59	0.76	0.61	0.10
税收管理型海外	1.0	0.78	1.0	0.23	0.69	—	0.64	0.02
税收管理型小盘股	0.61	0.70	0.67	0.22	0.94	0.64	—	0.09

续前表

基金	500指数	全股票市场指数	全海外股市指数	REIT指数	小盘价值指数	税收管理型海外	税收管理型小盘	全债券市场指数
全债券市场指数	0.10	0.10	0.02	0.04	0.04	0.02	0.09	—
全国际股票指数	0.78	0.80	—	0.24	0.72	1.0	0.67	0.02
全股票市场指数	0.99	—	0.80	0.15	0.67	0.78	0.70	0.10
美国成长基金	0.88	0.88	0.60	0.11	0.46	0.58	0.53	0.17
美国价值基金	0.89	0.92	0.81	0.18	0.77	0.78	0.74	0.04
价值指数	0.95	0.94	0.87	0.17	0.66	0.86	0.64	0.05
韦尔斯利收入	0.32	0.31	0.45	0.15	0.27	0.45	0.17	0.25
惠灵顿基金	0.87	0.87	0.83	0.20	0.65	0.81	0.60	0.01
温莎基金	0.96	0.97	0.82	0.16	0.67	0.80	0.67	0.07
温莎二期	0.85	0.87	0.87	0.18	0.70	0.86	0.67	0.02

因此，建立多样化的共同基金投资组合并不难。这并不是一项艰巨或昂贵的任务，而且可以独立完成，无须通过经纪人或支付顾问。通过持有一些单独基金或购买先锋目标退休基金等基金中基金，你完全可以自行创建投资组合。两种方式均可以帮你实现多样化，从而避免将所有的鸡蛋放在同一个篮子里。

第 13 章

The Bogleheads' Guide to Investing | # 追逐收益和市场时机不利于个人财富

> 不要赌博；把所有积蓄用于购买优质股票，等到上涨时再卖出。如果不上涨，就不要买进。

> ——威尔·罗杰斯（Will Rogers）

历史收益不能预测未来走势

某投资公司研究所的研究结论表明，大约 75% 的共同基金投资者错误地使用短期的历史收益作为他们购买某只基金的主要原因。这种现象并不难理解。金融媒体持续不断地鼓吹宣扬最近获利的基金，暗示该基金的管理人员的某种特殊洞察力是其如此成功的原因。由于所有金融刊物几乎都用这些故事轰炸投资者，从而使他们觉得这是选择共同基金时应该使用的标准。他们很少意识到，这只是月度热门基金，而收益数字通常是为精心挑选的有利时期内的择优基金准备的。

除了共同基金经理的"吹捧"文章外，几乎所有的主流报纸和杂志都含有共同基金历史收益的列表。难怪被蒙在鼓里的投资者会认为历史收益是选择共同基金的最好方式，他们只能从中选择排名为"A"的基金或五星级基金。

第 13 章
追逐收益和市场时机不利于个人财富

指数基金很少能在短期内引领收益排行榜，这是由其本质决定的。更重要的是，指数基金的收益几乎从来不会是最差的。明智的投资者往往都明白，实现财务目标比为了致富梦想而去冒险更为重要。我们已经发现，选择热门排行之外的基金需要投资者具有渊博的知识和强大的自信心。

《华尔街日报》曾发布过覆盖广泛的共同基金业绩列表。除了每日公布上百只基金的净值变化之外，还在每月第一周对 40 多种类别的共同基金进行排名，排名依据为其 1 月、1 年、3 年、5 年和 10 年的收益。资金收益率最高的前 20% 等级为 A，以此类推为 B、C、D，资金收益率最低的 20% 等级为 E。《华尔街日报》还可查阅历史数据。其姊妹刊物《巴伦周刊》（*Barron's*）也是一个很好的查询渠道。随后我们将探讨这些历史数据是否有用。

截至目前，晨星公司是共同基金信息的最佳来源。该研究公司使用知名的星级体系对成千上万的共同基金进行排名，排名基于根据风险调整后的基金业绩。在晨星公司列出的基金中，前 10% 为五星级，接下来的 22.5% 为四星级，中间的 35% 为三星级，接下来的 22.5% 为二星级，剩下的 10% 为一星级。那么我们应该根据这些星级购买基金吗？为了得到解答，我们求助了《赫伯特金融摘要》（*The Hulbert Financial Digest*）的作者马克·赫伯特（Mark Hulbert），他对共同基金实际收益的跟踪在业内具有很高的认可度。2004 年 2 月 2 日，他在《福布斯》（*Forbes*）杂志上刊文写道："在过去的 10 年中，晨星公司的五星级股票基金的平均收益率为 5.7%，而威尔希尔 5000 指数的收益率为 10.3%。"

2007 年 1 月 15 日，阿姆斯特丹大学的两位教授完成了一项长达 10 年的研究。研究标题为"晨星公司共同基金评级的预测收益"，研究结论认为"晨星公司使用不同评级体系得出的预测收益并未高于随机游走的收益"。

本书无意批评晨星公司，而且晨星公司从未声称其星级排名体系可以预测收益。与此相反，我们非常佩服的是，晨星公司反复强调其星级排名体系不应被用于预测未来收益。共同基金公司使星级排名体系变成了一种误导性的营销工具，这是大多数博格投资者都明白的道理。共同基金经常在广告中骄傲地展示其星级排名，暗示获得排名的历史收益在未来将继续保持。基金公司只在广告底部用小字承认历史业绩并不代表未来收益。

佩斯大学鲁宾商学院金融学副教授马修·莫雷（Matthew Morey）对共同基金的评级服务进行了研究，研究结果表明："任何评级体系或替代评级体系都无法成功预测基金收益。"

如果具有庞大共同基金信息库的评级服务都无法连续提前选出高收益基金，凭我们自己更不可能做到。然而，历史业绩可以用来挑选高收益基金的神话依然存在。

多个机构对这一不合常理的问题进行了研究，主要摘录如下。

- 马克·M. 卡哈特（Mark M. Carhart）进行了一项研究，随后在《金融杂志》1997 年第 3 期上发表了题为《基金业绩持续性研究》（*On Persistence in Mutual Fund Performance*）的文章。这可能是目前对这一问题的最好最权威的研究结果。他总结道："遵从股票中的惯性（持续性）策略并不能为单只基金带来更高的收益。唯一未得到解释的持续性集中于收益最低的共同基金严重的低迷业绩。研究结果认为有经验或见多识广的共同基金投资组合管理人员的存在并无意义。"

- 巴克斯代尔（Barksdale）和格林（Green）对 1975 年 1 月 1 日至 1989 年 12 月 31 日的 144 只机构股票投资组合进行了研究。研究发现，前五年位于收益排行前 1/5 的投资组合在接下来的五年中继续高于平均收益的可能性最低。

- 为了回答"历史业绩是否能预测未来收益"这一问题，国际领先的投资决策和风险管理提供商 Barra 公司进行了长期研究。研究得出的结论是："并没有证据表明股票基金的收益具有持续性。"

- 2002 年，加利福尼亚大学的乔纳森·伯克（Jonathan Berk）和卡内基梅隆大学的理查德·格林（Richard Green）通过研究发现"历史业绩不能被用于预测未来收益或推断主动管理型基金经理的能力水平"。

● 先锋集团对投资机构的历史收益进行了一项研究。研究表明，自1993年以来的十年内，收益排名前20名的美国股票基金中仅有一只在接下来的十年中保持了前100名的收益。

这些研究以科学但又平实的语言告诉我们，历史业绩不能用于预测未来收益。表13-1列出了11年期间的五种最优和最差资产类别。需要注意的是，除了大盘之外，在此期间，每种资产都曾为最优与最差类别。

表 13-1　　　　　　　　最优与最差资产类别*（1994—2004 年）

年份	最优	最差
1994	海外	债券
1995	大盘	海外
1996	大盘	债券
1997	大盘	海外
1998	大盘	小盘价值
1999	小盘成长	小盘价值
2000	小盘价值	小盘成长
2001	小盘价值	海外
2002	债券	小盘成长
2003	小盘成长	债券
2004	小盘价值	债券

* 债券 = 巴克莱资本美国总体债券指数
　大盘 = 标准普尔 500 指数
　小盘成长 = 拉塞尔 2000 成长指数
　小盘价值 = 拉塞尔 2000 价值指数

无法持续的不仅是共同基金的收益，从表13-1可以清楚看出，资产类别的收益在几年内同样无法持续。下面让我们来看看这些基金投资者的经历。

1. 44 华尔街基金是 20 世纪 70 年代收益最高的美国多样化股票基金，声名远扬，吸引了成千上万的热切投资者。对这些追逐业绩的投资者来说，不幸的是，20 世纪 80 年代，44 华尔街基金变成了业绩最差的共同基金。

2. 自 20 世纪 60 年代以来，收益前 20 名的共同基金的平均回报率在接下来的十年中低于市场指数收益。

3. 2000 年收益跻身前 50 名的基金在 1998 年或 1999 年排名均未进入前 50 名。

4. 1998 至 1999 年，Grand Prix 基金的收益排名均为前 1%，但在 2000 至 2001 年的排名却跌至倒数 1%。

根据历史收益挑选未来的高收益共同基金并非明智之举，政府甚至需要发布"历史收益不担保未来收益"之类的声明以示提醒。务必要相信！

市场时机是一种投资痴迷

多媒体金融服务公司 Motley Fools 将市场时机定义为"一种基于预测证券短期价格变化的策略，但几乎不可能做到"。

尽管我们与 Motley Fools 公司在大多数观点上存在分歧，但这一次我们与其不谋而合。市场时机是一种投资痴迷。几乎所有金融刊物都在头条文章中为读者分析市场走向。邮递员持续不断地向我们投递金融新闻作者的广告，只要我们订阅新闻杂志和市场时机建议，就能保证巨额收益。

根据历史收益挑选高收益基金注定是徒劳无功的，但这并不能阻止投资者的尝试。业余和专业投资者每年都会花费大量时间试图找到那难以捉摸的秘密公式以便提前选出高收益的共同基金。在这种愿望的驱使下，我们开始阅读那些保证提前选出高收益基金的金融时事通讯。

高风险赌博：订阅金融时事通讯

犹他大学的约翰·格雷厄姆（John Graham）教授与杜克大学的坎贝尔·哈维（Campbell Harvey）教授对市场时机的投资通讯进行了权威研究。他们对 1980 年 6 月至 1992 年 12 月期间的 237 名通讯作者撰写的超过 15 000 条市场时机预测进行了追踪分析。他们的结论非常清楚：

> 没有证据表明时事通讯可以预测市场。与共同基金相似，胜败轮流转。

与这项研究有关的一项有趣事实是，在这历时 12 年半的研究结束之后，94% 的研究对象已经破产。

上文提到的马克·赫伯特曾对时事通讯推荐的投资组合进行过研究。研究得出的统计结果令人吃惊。例如，赫伯特先生根据 1981 年至 2003 年时事通讯推荐的高收益投资组合构建了假设投资组合。位居收益排行榜前列的这些曾经的市场赢家一年之后却获得了 32.2% 的年度平均亏损。与第二年的惨淡业绩形成对比的是威尔希尔 5000 全股票市场指数，其年度收益率为 13.1%。

《格兰维尔市场通讯》（*The Granville Market Letter*）的案例有助于帮助我们理解时事通讯市场推荐的危险，该通讯推荐的投资组合在 1991 年获得了 245% 的巨额收益。那么 1992 年情况如何呢？你已经猜到了。上一年 245% 的高收益在第二年变成了 84% 的亏损。

你可能会得出这样的结论：245% 的收益加上 84% 的亏损依旧能得到相当不错的 161% 的收益（245%-84%）。令人惊讶的是，事实并非如此。两年合计实际亏损 61%。在表 13-2 中，我们以 1991 年的年初 10 000 美元投资额为例，展示了《格兰维尔市场通讯》推荐投资组合实际收益的计算方法。

表 13-2　　　　　　　　　格兰维尔市场通讯推荐投资方式的实际收益

投资额	10 000 美元
245% 收益之后	24 500 美元

续前表

–84% 亏损之后	3920 美元
净投资损失	–6080 美元（–61%）

《赫伯特金融摘要》2001 年第 1 期发布了非常发人深省的统计数据：

> HFD 对约 160 条时事通讯进行了监控，在过去 10 年中，其中只有 10 条通讯所推荐的市场时机投资的风险调整后收益超越了市场平均水平。

把血汗钱用于订阅超越市场指数概率仅为 1/16 的时事通讯，这无异于高风险的赌博，相信你也会觉得这种做法根本不值得考虑。

道格·费边（Doug Fabian）是一位著名的时事通讯作者。2003 年 8 月，费边先生在 CBS 市场观察节目中对查克·贾菲（Chuck Jaffee）自信地宣布，可以使用其推荐的投资体系的加强版在一年内获得 100% 的收益。为证明其市场时机投资体系有效，费边使用该体系自费投资了 500 000 美元。大错特错！很遗憾，费边的 500 000 美元投资额随后损失了 192 000 美元，他不得不向读者公开这一事实。但他并未因此受挫，声称损失的 192 000 美元"物有所值"，因为他学到了投资的经验教训。我们写这本书的主要原因之一是为了确保你不用为投资教训支付如此高昂的学费。

伊莱恩·加尔扎雷利（Elaine Garzarelli）成功预测了 1987 年的股市崩溃，当时道琼斯指数在一天之内大跌 22.6%——其市值几乎缩水了 1/4，伊莱恩·加尔扎雷利也因此成为美国最知名的市场时机专家。雷曼公司将加尔扎雷利提升为首席量化策略分析师，她的市场建议具有广大市场。在一系列预测均以失败收场之后，她被雷曼公司解雇。随后，她创办了自己的市场时机通讯。但其对市场的系列判断依然是错误的，这份曾备受吹捧的市场时机通讯也黯然消失。

约翰·博格在《共同基金常识》一书中写道：

> 认为能有闹钟提醒投资者入市或出市的念头是天方夜谭。在这个行业摸爬滚打了 50 多年，我从未直接或间接听过任何人能成功做到并且一

直做到。

让我们面对现实。大多数时事通讯出版商靠卖通讯挣钱。常识告诉我们，如果他们真有可以在股市中挣钱的秘密口诀，他们会自己使用而不是花费时间努力打字与我们分享（当然是收费的）。

巧妙伪装的金融产品或服务营销：财经电视节目

电视上的财经节目是华尔街营销机器起作用的经典范例。

CNBC 和其他财经电视节目播放的广告都承诺其推销的产品或服务可以让我们轻松超越其他投资者并战胜市场。CNBC 和其他财经频道里充斥着各色各样的金融"专家"，从早到晚胸有成竹地向我们预测市场走向、利率趋势和投资建议。我们从来不曾听到这些电视里的嘉宾"专家"说"不知道"。很容易想象，节目刚刚结束，听众就会冲到电脑或电话边将这些"专家"意见付诸实践——却没有意识到这些听起来令人信服的建议往往是巧妙伪装的产品或服务营销。

《每周华尔街》电视节目

路易斯·鲁凯瑟（Louis Rukeyser）主持的《每周华尔街》（*Wall Street Week*）是开播时间最长和最受欢迎的金融电视节目。该节目最受欢迎的特色之一是市场时机预测"精灵团"。路易斯的"精灵团"由 10 位市场时机专家组成，他们每周对道琼斯工业指数进行半年和一年走势预测。他们的实际预测效果非常滑稽。1990 年 7 月 27 日，股市处于高点，精灵团在实际应该看跌时集体看涨。10 月 12 日，股市处于低点，精灵团在实际应该看涨时集体看跌，且在 1994 年 11 月的强势反弹开始时依然看跌。鲁凯瑟甚至为此将五位看跌的精灵更换成看涨的精灵，但局面依然很尴尬。不幸的是，新组建的精灵团在 1998 年 7 至 8 月的熊市（下跌 21%）时都做出了看涨的判断。

一年之后，股票市场泡沫在 1999 年底达到顶峰，只有一位精灵团成员盖尔·杜达克（Gail Dudack）准确看跌。鲁凯瑟一定是厌倦了杜达克的看跌态度，在 11 月播出的结果中宣布与杜达克解约。取代杜达克的是看涨股市的艾伦·邦德（Alan Bond，2003 年因投资诈骗获刑 12 年零 7 个月）。两个月后，股市转为持续三年的熊市，与精灵团 10 位成员集体看涨形成对比。精灵团自此走上了终结之路。2001 年 9 月 14 日，股市行情依然低迷，仍旧看涨的精灵团解散。我们不知道有多少投资者曾经听信精灵团（和艾伦·邦德债券）的建议，但可以确定的是，他们肯定希望从未听过这些所谓的"专家"。

除精灵团之外，鲁凯瑟先生每周都会邀请一些知名的华尔街选股专家，他们理直气壮地宣布自己的最佳选股策略。而这些选股策略实际效果如何呢？我们再次求助于自 1995 年 12 月起对这些专家选股策略进行跟踪研究的马克·赫伯特先生。

在接下来的 10 年间，专家挑选的股票平均年度收益率为 8%，而市场指数收益率为 9.5%。1.5% 的差距似乎不大，但日积月累则会带来巨大差异。例如，如果你在 1970 年投资 10 000 美元，收益率为 8%，35 年后会获得 147 900 美元（不含税收因素）。而同样的 10 000 美元投资收益率为 9.5% 的市场指数基金则将增长至 239 600 美元。这一差别在应税账户中更明显，因为所有推荐股的购买和出售所得收益都需每年纳税。与之相反的是，指数基金中的大部分收益不需每年纳税，而是推迟至资金赎回后以较低的资本收益率缴税。

不要被金融杂志所蒙蔽

《美国财经杂志》（Smart Money）曾组织两位知名的资深投资组合经理罗恩·拜伦（Ron Baron）和罗伯特·马克曼（Robert Markman）进行了一次共同基金收益比赛。比赛开始于 2000 年 3 月 30 日，结束于 2001 年 3 月 2 日。在比赛期间，两位经理可以对基金进行买卖。如果选择了拜伦先生的投资组合，你的投资额会亏损 1%。但对同期下跌 12% 的标准普尔指数相比，拜伦的业绩并不差。然而，如果模仿马克曼先生的投资组合，你会亏损投资额的

64%。我们无从评判基金经理的业务能力高低或者运气好坏，因为第二年的局势可能会完全翻转。许多金融出版物都关注于这种短期比赛和收益回报。这并不符合读者的最大利益，但确实能提高杂志销量。

40 多年来，《福布斯》一直在列举共同基金的收益数据并推荐特定的共同基金。每年 8 月末或者 9 月初，《福布斯》都会发行共同基金特刊，包含约 1500 只共同基金的投资业绩。被推荐程度最高的共同基金会被列入光荣榜。

约翰·博格对 1974 年至 1992 年被精心选入"光荣榜"的基金进行了研究。研究发现，如果将 10 000 美元投资于列入福布斯"光荣榜"的基金，在此期间将获得 75 000 美元。听起来似乎不错，但先锋总股票市场指数基金可使同样的投资额增长至约 103 600 美元。博格先生的研究使我们对杂志推荐基金的价值具有了更深入的理解。

在报纸或杂志上，讲解实用投资知识的文章和专栏通常被藏在隐蔽版面中，很少在头版或封面出现。头版和封面则留给了受欢迎且吸人眼球的头条新闻。最好的投资 / 个人理财杂志的封面都充斥着不可错过的前十大热门股票或基金、股市走向预测和其他无关紧要的内容。正如你可能已经想到的那样，对这些封面文章的投资建议进行的多次回溯测验研究都显示，大部分收益率都严重低于市场平均水平。然而，纸质媒体只能靠吸引大量读者，尽可能提高杂志和报纸销量才能维持运营。正如佚名人士在文章中总结的那样："不幸的是，推荐指数基金的理性文章无法提高杂志销量和网站点击率，更无法提高尼尔森收视率评级分数。所以请放心：只要存在个人财经媒体，你看到的将永远是'不可错失的六只基金'之类吸引人但没有实际价值的文章标题。"

博格投资协会比赛

2000 年 12 月，泰勒·拉里摩尔在晨星公司的在线先锋 Diehards 论坛上宣布拟举办博格协会年度比赛。竞赛比赛是预测威尔希尔 5000 指数（全股市）一年后（即 2001 年 12 月 31 日）的收盘价。约翰·博格则捐献出一本自己的书作为奖品。泰勒举办比赛的目的在于证明股市预测的难度。99.9% 的博格协会成员对威尔希尔 5000 指数做出的平均预测值为上涨 6.1%。而一年之后的实际结果为下跌 18%。

第二次博格投资协会比赛开始于 2002 年 1 月，产生了 177 个预测结果，其中包括 11 家大型华尔街经纪公司。比赛情况如下：

1. 75% 的预测结果为上涨。

2. 标准普尔指数实际从 1148 点下跌 880 点，跌幅为 23%。

3. 市场走势预测结果准确率为 25%，其中只有三人预测指数基金将跌至最低。

4. 只有一位华尔街投资策略专家猜对了股市走势。

比赛情况如表 13-3 所示。

希望你像我们一样相信，股市动向或未来的高收益共同基金是无法预测的。这就是为什么需要多样化，只有这样才能在任何情况下都不至于因投资损失而倾家荡产。

表 13-3   华尔街投资专家 2002 年预测结果

策略分析师	所属公司	预测值
Edward Kerschner	UBS Warburg	1570
Thomas Galvin	Credit Suisse	1375
Abby Joseph Cohen	Goldman Sachs	1363
Stuart Freeman	A.G. Edwards	1350
Jeffrey Applegate	Lehman Bros.	1350
Tobias Levkovich	Salomon Smith Barney	1350
Edward Yardeni	Prudential Securities	1300
Steve Galbraith	Morgan Stanley	1225

续前表

策略分析师	所属公司	预测值
Richard Bernstein	Merrill Lynch	1200
Thomas McManus	Bank of America	1200
Douglas Cliggott	Brummer & Partners	950
标准普尔 500 指数 2002 年实际值		880

关于预测利率的谬误

上文已经讨论了试图预测股票市场业绩是徒劳无功的。那么债券和利率能否预测呢？当然，利率的变化方向是很容易猜到的，对吗？如果提前知道利率的移动方向，那么我们就能知道如何投资债券。是的，这看上去很简单，而且你可能对利率的移动方向有自己的看法。你并不孤单，因为很多媒体"专家"会有把握地告诉你未来的利率水平。现在，让我们看看历史记录。

有的债券经理或个人投资者认为利率和债券收益率会上涨，但也有人持相反意见。在世界各地，成千上万训练有素的债券经理人都坐在电脑前，不放过任何能够赶超竞争对手的细微优势。这些债券专家会立即纠正任何买单或卖单误定价。1994 年，马克·赫伯特在美国个人投资者协会（AAII）杂志上撰文指出：

> 如果你认为股票市场时机难以掌握，那么预知债券市场时机则更是
> 不可能的。

他是无比正确的！截至 2006 年 12 月 31 日的五年间，33 份提供债券预测的时事通讯中只有两份通讯编辑的投资建议收益超过了同期的希尔森国债指数（Shearson All-Maturities Treasury Index）。

《华尔街日报》每年会对美国顶级经济学家进行两次评选，根据利率预测准确度选出前 50 位。Arbor 研究公司的吉姆·比安科（Jim Bianco）对这些

预测的实际分析过程进行了研究，结果可能会让你大吃一惊。华尔街预测调查始于 1982 年，截至 2006 年，"专家"经济学家对利率变化方向的预测准确度仅为三分之一左右。经济学家约翰·肯尼思·加尔布雷思（John Kenneth Galbraith）曾经说过："世界上只有两种利率预测家：一种不懂利率，一种不知道自己不懂利率。"

坚守你的投资策略

与追逐业绩和市场时机相比的合理选择是建立长期资产配置方案，并保持稳定。坚持资产配置方案很难做到。这需要知识和信心——制定合理策略的知识，以及相信只要长期坚持，我们的投资策略就一定会成功的信心。

华尔街不支持买入并持有的策略，因为经纪人需要通过交易行为赚钱。出于这个原因，你会不断受到华尔街上亿美元营销机器的诱惑。华尔街向金融媒体支付了数百万美元。华尔街与媒体具有共生关系。媒体的目标是读者、观众、听众，而最重要的是华尔街的广告费用。华尔街的目标也是读者、观众、听众，但最重要的是这些受众的钱。不幸的是，这些钱将从这些受众的投资收益中直接扣除。

记者们需要持续不断的新的写作题材，而华尔街恰好乐于提供。记者们都知道，如果他们专注于表现最佳的共同基金，新题材将会源源不断。采访当前业绩最佳的共同基金经理几乎是所有金融刊物的特色。这些基金管理者似乎永远都有说服力强且能带来较高收益的投资策略。

在媒体的帮助下，华尔街一直成功地诱导投资者对上一年的获利基金和市场时机趋之若鹜。出于贪婪的驱使，投资者对所有推崇万无一失的投资策略或热门基金的营销辞令言听计从。与此同时，悲观派预言家在利用投资者恐惧的同时敦促他们改投更安全的证券。华尔街是最终赢家，因为两种方式都能使其获利。

现在，买进、卖出和交易都可以一键操作，许多投资者很难抵制冲动，交易频率往往远高于实际需求。当然，他们的交易行为通常是高买低卖。情绪冲昏头脑时，收益也会随理智一起丧失。

特瑞·奥迪恩（Terry Odean）和布拉德·巴伯（Brad Barber）都是加利福尼亚大学的教授，他们对 1991 年至 1997 年期间的 66 400 名投资者进行了研究以分析交易对收益的影响。他们发现，买入后持有的投资者所获得的收益远高于活跃的交易者，年度差距达到 7.1%。研究结果如表 13-4 所示。

表 13-4　　　　　　　持有型投资与活跃交易所获收益对比表

交易策略	周转率	收益率
活跃交易者	258%	11.4%
一般交易者	76%	16.4%
持有型交易者	2%	18.5%

沃伦·巴菲特在 1996 年为股东撰写的年度报告中指出："静止对我们来说是一种聪明的投资方法。"

专家意见

历史收益

美国个人投资者协会指出："业绩排行榜是危险的。"

约翰·博格指出："世界上根本没有根据历史记录预测基金未来收益的方法。"

比尔·伯恩斯坦认为："从 1970 年到 1989 年的 20 年间，表现最好的股市资产是日本股票、美国小盘股和黄金股票。在接下来的十年，这些股票却变成了表现最差的资产。"

先锋集团前任 CEO 杰克·布伦南认为："大部分基于历史收益

的基金排名都毫无意义。"

杰森·茨威格说："仅根据历史业绩购买基金是一种最愚蠢的投资方式。"

市场时机

沃伦·巴菲特说："我对股市未来半年、一年或者两年的走势从来一无所知。"

作家、专栏作家乔纳森·克莱门茨说："市场时机是取代长期投资计划的错误方式。"

晨星公司股票分析经理帕特·多尔西（Pat Dorsey）："预测市场时机相当于废话。"

伊莱恩·加尔扎雷利说："我知道市场时机会毁了你。"

本杰明·格雷厄姆说："我从华尔街过去60年的历史中发现其对股市的预测从未成功过。"

作家、专栏作家简·布莱恩特·奎因说："世界上不存在市场时机名人堂。"

多部投资书籍作者拉瑞·斯威德罗："相信市场时机预测能力相当于相信占星家预测未来。"

坚持投资策略

作家弗兰克·阿姆斯特朗说："购买并持有是一种非常呆滞的策略。它唯一的优势在于具有实际投资效果，能获利且能长期获利。"

约翰·博格说："无论如何都要坚守自己的投资项目。'坚守投资策略'这句话我说过上千次，每次都是认真的。这是我能给你的最重要的投资智慧。"

多部优秀投资书籍的作者瑞克·费里（Rick Ferri）："将你的投资策略写下来，然后坚持下去。"

《纽约时报》记者卡罗·古尔德（Carol Gould）："对大多数投

资者来说，买入并持有的策略都会获利。"

　　《成为百万富翁》一书的作者迈克尔·勒伯夫认为："买入指数基金并持有的简单投资方法是最好最有效的投资方式，可以帮你增加财富并最终实现财务自由。"

　　《达人迷基金投资指南》的作者埃里克·泰森指出："控制基金周转率。保持投资状态。买入并持有的投资策略不仅能提供更好的收益，还能减轻工作量。"

第 14 章

The Bogleheads' Guide to
Investing　｜　**教育投资**

　　经济学家发现，大学教育可以使一个人的终生收入增加成千上万美元，且这笔财富会被继续用于下一代的大学教育。

——比尔·沃恩（Bill Vaughan）

｜ 受教育程度对收入的影响 ｜

　　这是一个简单的事实：更高的教育通常意味着在人生中会获得更高的收入。尽管你可能未参考过官方数据，但仍然可以从亲身经历中发现大部分大学毕业生的收入高于高中毕业生，高中毕业生的收入高于高中辍学者。因此，父母为孩子的大学教育存钱投资实际上相当于为孩子未来的终生收入进行重要的投资，回报绝对超出他们所做的牺牲。

　　虽然人们可能在是否需要额外花钱攻读更昂贵的私立大学学位而非公立大学学位上各执一词，但在毕业生能否因为大学教育而终生获得更高的收入这一问题上基本不存在争议。在预期终生收入这一问题上，最重要的是接受大学教育且选好专业。

　　美国劳工统计局、人口普查局数据显示，大学本科毕业生工作 40 年所得收入比高中毕业生高 1 000 000 美元左右。硕士文凭获得者的工资则是高中毕业生的两倍。表 14-1 显示了不同文化程度的预期终生收入。

表 14-1   不同文化程度的预期终生收入

最高文化程度	终生收入（美元）
高中肄业	1 000 000
高中毕业或同等学力	1 200 000
大学肄业	1 500 000
大专文凭	1 600 000
本科文凭	2 100 000
硕士文凭	2 500 000
博士文凭	3 400 000
职业资质	4 400 000

资料来源：美国人口普查局，"巨大回报：文化程度与职业生涯预计总收入"

表 14-1 清楚地显示，四至六年的大学教育是一项良好投资。每年的大学教育费用为终生收入带来的增幅超过 200 000 美元。因此，为子女教育提供负担范围之内的州立大学投资必定会带来巨大红利。

根据美国劳工统计局数据，即使女性大学毕业生的收入少于男性大学毕业生，但大学毕业生的综合收入依然是高中毕业生的 2.5 倍。因此，我们需要尽量为子女储蓄大学教育费用。

就其自身而言，子女养育和投资是一项困难重重的事业，但为人父母的投资者在选择为子女未来教育投资的理财工具时必须将这两项任务结合起来。这肯定是一项艰巨的任务，尤其是目前广泛的投资选择，包括一些特别针对教育开支的投资计划。

和其他各类投资一样，越早开始为子女的大学教育储蓄，实现目标的机会就越大。此外，在选择适当投资来资助子女教育时，你需要知道的是，每一项投资选择都有特定要求、限制和税收因素。今天的选择会对日后子女需要资金支持时产生影响。

如果为孩子的大学教育费用储蓄

在本章中，我们将简要介绍更受家长（及其他投资者）欢迎的大学教育费用投资选择。我们将努力让你明白可供选择的类别。此外，你也可以通过对大学费用资助进行自主阅读和研究来选择适合自己的投资方式。约瑟夫·赫尔利（Joseph Hurley）所著的最新版《大学教育最佳储蓄方式》(*The Best Way to Save for College*) 被公认为这一主题上的最优秀书籍之一。除书籍以外，约瑟夫运营的网站内容丰富，提供大量关于各类大学教育储蓄计划的免费信息。

请记住，投资项目和税收法律是不断变化的，一些教育投资选项提供的免税福利所适用的收入资质同样如此。一些当前可用的税收优惠可能会被取消，除非美国国会出台延长或永久性税收优惠规定。因此，你必须及时了解所有的最新税收变化。

即将讨论的投资选择如下：

1. 父母名下的个人储蓄账户；

2. 监护人账户（即 UGMA 或 UTMA 账户）；

3. 美国储蓄债券；

4. Coverdell 教育储蓄账户（教育个人退休账户）；

5. 529 合格学费计划（QTP），包括教育储蓄计划和预付学费计划；

6. 个人退休账户提取；

7. 其他适用的投资方案。

父母名下的个人储蓄账户

在所有储蓄中，个人储蓄账户对父母来说是最有弹性的选择之一。此账户资金按税后金额计算。投资财产所有权仍然属于父母，由父母完全控制，无收入限制。父母可使用该账户资金进行任何形式的投资（股票、债券、共同基金、银行存款等）。账户收益支付任何教育费用，不论是否符合资质，父母对支付方式具有决定权,因为此账户对时间、方式、是否支付及支付对象没有任何限制。

但是,与其他投资选择不同的是,此账户的财富增值是应税的,当父母最终售出投资资金以支付孩子的大学费用时,他们出售的任何股权投资都可享受更优惠的长期资本利得税率。个人储蓄账户与其他计划相比的另一个优点在于,账户资金不需固定在某特定子女名下。最后,如账户资金在支付大学费用需求后仍有剩余,资金仍属于父母并可用于退休养老等其他用途。

监护人账户

根据《未成年人转移财产统一法案》(Uniform Transfer to Minors Act, UTMA)或《未成年人赠与财产统一法案》(Uniform Gifts to Minors Act, UGMA)创建的账户是父母为子女教育储蓄资金的一种方式。子女在生日或其他场合获得的现金赠与通常会被置于此账户中,并随时间推移增长。

监护人账户在储蓄早期具有税收优惠。更小金额的收入可以完全免税,因为子女的收入不足以支付税款。随着时间推移,子女的收入增加到一定程度时,不满14岁的儿童需按儿童低税率纳税,直到他们的收入超过儿童收入限制。一旦子女收入超过了儿童的非劳动收入限制,所有的超出部分均需按父母的纳税等级缴税。子女满14岁之后,其收入将再次按儿童单独税率缴税,此税率一般会低于父母的纳税税率。监护人账户存在几个潜在问题。

首先,子女达到法定成年人年龄后会获得账户的完全控制权,法定成年人年龄根据居住状态不同分别为18岁或21岁。此时,子女可以自由支配账户资金。如果儿子比尔想为自己购买一辆汽车、摩托车或大屏电视,父母无权阻止。如果女儿玛丽露想周游世界,那么她完全可以去这样做。显然,父母不可能提前知道比尔或玛丽露是否会将这笔钱用于大学教育,或者用于子女自己更看重的事情。

其次,根据现行法律,监护人账户被视为子女财产。因此,申请大学学费财政资助时,政府要求账户资金的35%需用于支付大学教育费用,此举可以降低政府资助比例。相比之下，父母名下的资产账户用于支付大学费用的比例仅需 5.6%，这意味着子女教育支出可使用更多的财政资助。

一旦了解政府在确定财政资助时所用的计算方法，并得知子女成年后将对监护人账户具有完全控制权，大多数家长都会意识到这也许并不是资助子女教育费用的最佳投资方式。他们认为将监护人账户的资金转移至其他教育投资计划更能满足需求。但并非所有教育投资计划都接受监护人账户的资金转移。对于政府而言，即使转移至其他投资计划，原监护人账户的资产所有权仍属于子女，在发放财政资助时会被视为子女资产。因此，由于上述原因，许多家长都认为此类监护人账户可能并不是为子女大学费用储蓄的最好途径。

美国储蓄债券

本书已在债券部分讨论了美国储蓄债券（EE 系列和 I 系列债券）。本章将重点介绍美国储蓄债券中的教育投资免税优惠机制。

储蓄债券需登记在正确的持有人名下才能符合免税教育投资优惠资质，这很重要。免税优惠要求债券持有人必须为父亲、母亲或父母双方；子女不能作为债券持有人或共同持有人，但可被列为受益人。如果祖父母或其他亲属、朋友计划为你的孩子购买用于资助其大学费用的储蓄债券，需要提前告知他们所购买的债券需将父母单方或双方列为持有人。如果他们欲将债券用于特定子女，可将其列为受益人。令人遗憾的是，很多人都好意将储蓄债券作为礼物赠与亲属、朋友的子女用于支付其将来的教育费用，却错误地将子女列为持有人。虽然这些债券仍可用于为子女支付资格不符的大学相关费用，但无法享受免税优惠。

除了持有人需准确之外，储蓄债券的免税教育投资优惠还需满足其他要求：

1. 债券购买者需年满 24 岁；
2. 已婚者需填报夫妻共同所得税申报单；
3. 要获得全额免税，必须在赎回债券当年使用全部收益（包括利息和本金）为本人、配偶或家属支付合格的教育费用；

4. 使用债券支付合格大学费用时须满足实际收入要求（这些数据每年根据通货膨胀有所调整）。

美国国税局 970 号文件（教育税收优惠）提供了教育储蓄债券计划的全部细节，包括更新的收入要求。

在为子女教育购买储蓄债券之后，你的职业生涯可能会快速上升，这会让你意识到，等子女进入大学时，你的收入可能已经超过了储蓄债券的免税限制。如果你为此而担忧，请记住，只要满足购买时的收入限制，你永远都可以提取储蓄债券资金并将其转移至下文即将讨论的 529 投资计划中。如此一来，你不需为储蓄债券的增加值缴纳任何税费，因为储蓄债券收益转移至 529 投资计划符合免税规定。

而且，由于债券在你本人名下，如果子女大学教育费用不需使用债券支付（也许你的孩子会拿到奖学金），则债券资金可以继续增值，并享受长达 30 年的税收递延优惠，可作为应急基金使用或用于支付退休后的费用。

Coverdell 教育储蓄账户

Coverdell 教育储蓄账户（ESA）的前身为教育 IRA。过去的年度购买额度过低，仅为 500 美元，目前已经上调至每名学生 2000 美元。尽管 ESA 的账户资金为税后金额，但只要实际收益被用于任何符合条件的教育费用，此账户增值均可享受免税优惠。ESA 灵活性很高，其对合格教育费用的定义范围比其他计划更广。除了支付大学费用之外，ESA 的收益还可以用来支付下列费用：

1. 小学和中学教育（幼儿园至 12 年级）学杂费，包括公立、私立和宗教学校；

2. 图书和学习用品；

3. 住宿和伙食费；

4. 电脑和联网费用；

5. 交通费用；

6. 补习费用；

7. 529 合格学费计划（QTP）出资额。

符合国税局 970 号文件中所规定的当前收入限制的人均可开设 Coverdell 教育储蓄账户，并可以未成年人的名义进行投资，无论与其是否具有亲属关系。但是，虽然每年对以某未成年人的名义开设的 Coverdell 教育储蓄账户数量不限，但以某受益人名义开设的所有账户合计年度投资额不得超过 2000 美元。

孩子年满 18 岁之后，此账户不再接受投资，且账户资金必须在受益人年满 30 岁时使用。如未使用，剩余资金可转移至其他 30 岁以下的家庭成员名下。

Coverdell 教育储蓄账户具有很多吸引人的特点。如果年认购额度高于目前的 2000 美元，也许这将是许多投资者理想的教育融资计划。然而，尽管具有投资额度限制，如果满足收入限制，它可能仍然是第一笔 2000 美元教育存款的最佳投资选择。

529 合格学费计划

美国有两种 529 学费计划：教育储蓄计划和预付学费计划。一些计划通过经纪人出售，而另一些计划则允许直接购买，避免额外经纪人佣金。我们很难理解为什么有人不从各州政府直接购买 529 计划，而选择缴纳佣金通过经纪人购买。

529 教育储蓄计划由各州政府发行，规则各不相同。一个州的 529 项目在其他州不一定适用。投资政府发行的 529 计划并不一定保证涵盖所有子女的未来大学费用，预付计划同样如此。投资选择仅限于所选的特定 529 计划。在这些计划中，许多投资选择与年龄挂钩，子女越接近上大学的年龄，投资风格会自动越来越保守。

所选的投资计划并不限于你居住的州或子女未来可能就读大学所在的州。

尽管一些州规定在入学时必须是当地居民，但大多数州都没有这种要求。因此，你可以自由比较并选择投资选择稳定、成本低的最佳方案。然而，由于一些州对当地投资者提供税收优惠，在适用情况下，你必须将税收因素考虑在内。这些计划的收益可以支付认可的大专学校的任何合格教育费用，与学校所在地无关。

529 计划的捐赠额度较高。例如，个人单次捐赠额为当前赠与税的最高限额的五倍，一对夫妇的单次捐赠额则为年度赠与税最高限额的十倍，但不得超过赠与税的最高限额。在 529 计划中，此类大额捐赠可被视为赠与，但每人每年仅限五次。受益人在五年内的任何额外受赠都将引发赠与税。经济条件好的祖父母单次向孙辈的 529 计划进行大笔捐赠可以大幅降低其应税资产规模，同时还能使子女及孙辈受益。在某些州，除个人捐赠限额较高之外，在个人账户余额达到 300 000 美元之前均可接受所有来源的捐赠。

529 计划中的收益可享受税收递延优惠，合格教育费用提取则可享受免税优惠。

529 计划的其他特色也具有吸引力。与其他教育投资方案不同的是，529 计划对捐赠额不设收入限制。Coverdell 教育储蓄账户和 529 计划可同时进行投资。受益人可更改为其他家庭成员。与 UGMA 或 UTMA 监护人账户不同的是，投资人对 529 计划资产具有完全控制权。

第二种 529 计划为预付学费计划，可以由州或批准的教育机构发行。如果你所在的州发行 529 预付学费计划，你可以按当前的价格为子女支付州立大学的部分或全部学费。预付学费可以一次性支付，也可以分期付款。通过 529 预付学费计划需要支付的金额根据孩子的年龄而定；孩子的年龄越小，需要支付的金额越少。

为孩子预付州立大学学费之后，如果孩子决定去私立大学或其他州的公立大学，预付费用所在的州允许你使用部分或全部预付学费计划的货币价值支付其他学校的教育费用。然而，由于预付学费计划的收益率与公立大学的学费通胀率挂钩，529 预付学费计划的原始投资收益可能比 529 教育储蓄计划投资的所得收益少得多。

个人退休账户提取

即使不满 59.5 岁，投资者也可以合法提取个人退休账户用以支付符合条件的教育费用，且免交 10% 的提前支取罚息。一些精明的投资者可能会使用罗斯个人退休账户作为大学费用融资工具。然而，对于大多数投资者来说，我们认为，除非退休资产绰绰有余，否则最好不要因为教育费用动用退休基金。要记住，教育费用可以通过借贷支付，而退休费用不能。另外，如果你因为个人经济困难而不得不在投资自己的退休账户或孩子的教育账户中取舍时，记住这一点就更为重要。当然，希望你能找到两全的办法。

其他适用的投资方案

资助高等教育费用的选择还有很多种，如雇主支付学费计划、奖学金、助学贷款、联邦佩尔助学金、勤工俭学项目和学生本人的储蓄等。美国国税局还承认高等教育特定减免和抵扣（希望奖学金抵税额和终生学习抵税额）。

大学前两年就读本地社区大学所需的费用较低。许多此类社区大学都与当地的四年制大学具有合作机制，优秀的社区大学毕业生或能获批入读四年制大学。

正如本章开篇所述，大学储蓄计划非常复杂。量身打造的完美计划并不一定存在。与所有事情一样，受过教育的消费者是最好的消费者，所以我们强烈建议你花时间阅读一两本此类题材的好书。此外，国税局公布的 970 号文件（教育费用缴税优惠）中免费提供了翔实信息。本文件可以从其网站阅读或免费下载。如无法访问互联网，可通过电话订购。需要记住的是，税法总是不断变化的，所以一定要阅读最新版本。新版本包括全部最新信息，所以讨价还价是不可能的！

在你还没有意识到时，你的孩子已经在参加毕业典礼了，你会饱含热泪感叹时间流逝。但至少你不用为随之而来的资金需求而捉襟见肘。

第 15 章

The Bogleheads' Guide to Investing | 如何管理好你的意外之财

> 如果上帝能为我显现一些神迹该多好！比如在瑞士银行的我的名下存一大笔钱。

> ——伍迪·艾伦（Woody Allen）

意外之财的获得途径

试想一下在短时间内获得大笔财富，即意外之财。意外之财的数额可能会高于你的毕生积蓄。

你可能会想："如果这笔钱是我的该多好！"不论你是否相信，这种机会在你的一生中很可能至少发生一次。

意外之财并不限于彩票中奖者以及签署高价合同的艺人和运动员。虽然这些例子得到了大量媒体关注，但每年有成千上万的人获得意外之财。意外之财获得途径主要包括：

1. 继承；

2. 离婚协议；

3. 诉讼协议；

4. 丧偶；

5. 保险理赔；

6. 房地产出售；

7. 股票期权；

8. 一次性巨额奖金；

9. 生意意外增长；

10. 生意出售；

11. 大幅加薪的新工作；

12. 退休。

成功管理意外之财是非常具有挑战性的。一个常被提起的数据表明，超过 75% 的意外之财最终都被挥霍一空。我们并不知道这一数据的真实性，但是大多数金融从业者都认为意外之财的 50% 都会在短期内失去。根据 NBC 新闻报道，超过 70% 的彩票中奖者会在三年内坐吃山空。

本章的目的在于帮你为人生中很可能得到的意外之财做好准备。通过了解现实情况并采取正确方法，意外之财会丰富你的生活而不让你抱憾终生。

管理好意外之财的四个步骤

金钱能购买的东西远远多于衣食住行的基本需求。金钱是社会的权力象征。金钱可以换来自由、财产、地位、权限、机会、经历和更多选择。人们花费时间的对象往往代表他们最看重的东西。你可能已经发现，大多数人在追逐金钱上耗费了大半生甚至更长的时间。可以确定的是，大多数人工作的目的并不仅仅是金钱。但是，如果没有报酬，多少人会每天奔波上班呢？

毫不奇怪，意外之财会使人狂喜，也会令人抑郁。彩票中奖者会感到愉悦，而另一个获得意外之财的人则可能会觉得毫无意义；有些企业主在出售苦心经营多年的生意之后会如释重负，而另一些人则会怅然若失；一些接到离婚协议的人期待着开始新生活，而另一些人感受到的却是痛苦失落；有的退休人员认为一次性遣散补贴代表着兴趣爱好和旅行经费，而另一些人则认为这意味着身份和生命意义迷失。对于得到意外之财的人来说，不足、压力和恐惧是正常感受。如果你从未管理过巨额财富，你可能会想："我没有做好准备。我能信任谁？我该怎么办？"

以下四个步骤将帮助你管理意外之财，并在此过程中保证资金不被挥霍。大部分意外之财都会在随之而来的情感波动中被不必要地挥霍一空。因此，资产管理的第一步非常重要：

1. 把钱存入安全账户中六个月以上，不要动用；

2. 对这笔钱能买到的东西进行实际估算；

3. 列出愿望清单；

4. 寻求专业帮助。

将钱储蓄半年以上

与意外之财伴随而来的情绪是暂时的，通常在六个月内就会烟消云散。留住意外之财最重要的秘诀是在情绪消退并制定出合理使用方案之前不动用这笔财富。

当然也存在例外情况。花费 1% 或 2% 的钱去庆祝一番并无大碍，去款待自己或家人吧。此外，使用这笔财富尽快偿还所有信用卡或高息债务。最后，一定要支付这笔财富产生的任何税收。

在还清债务和税款并进行庆祝之后，将剩余的钱存入银行储蓄账户或货币市场基金，半年以内不要动用。抵制任何以下行为诱惑：

1. 投资于被经纪人、保险销售标榜为"不容错过"的各类投资产品或金融产品；

2. 把钱借给或者赠与视你为提款机的朋友或亲戚；

3. 购买豪宅向世界证明自己的成功；

4. 购买令朋友惊叹的豪车；

5. 乘坐顶级环球邮轮；

6. 疯狂购买奢侈品服饰；

7. 向慈善事业进行大笔捐赠；

8. 购买船只、飞机或其他昂贵玩具；

9. 辞职。

虽然你可能具有这种购买力和能力，但还没有到这样做的时候。现在应该冷静下来，认真思考，收集信息并进行财务规划。暂时保持自己在获得意外之财之前的生活方式。

清楚自己的购买力

常言道，上帝欲毁灭一个人，必先使其疯狂。巨额现金会让人幻想得到了无尽财富，第一次获得时更是如此。很多人将意外之财挥霍一空的原因仅仅是因为高估了所得钱财的购买力。当他们意识到错误时千金已散，许多人因此背负的债务甚至比以往更高。

例如，假设乔在40岁时幸运地意外获得了100万美元。乔是百万富翁吗？交完税费之后可能就不是了。如果这笔收入被按普通收入征收所得税，他则会幸运地得到60万美元的税后财产。除非他之前拥有至少40万美元的净资产，否则他还不是百万富翁。

更重要的问题在于，"如果将剩余的60万美元全部投资，乔的年收入能够增加多少？"理财规划师普遍认为，每年以10万美元进行多样化的均衡投资，即可获得5000美元的年度收益。这意味着乔的意外之财可为其增加3万美元的年度税前收入。他的净收入将取决于其所处的联邦和州所得税纳税等级。如果想提取通胀调整后收入，建议他第一年只提取投资组合的4%，即24 000美元，以后每年的提取额则根据通货膨胀率同步增加。因此，乔可能会高兴地发现，自己的年收入可能会增加24 000美元至30 000美元。但是，如果他以为这百万美元的意外之财是奢华生活和无节制消费的通行证，则这场惊喜对他来说最终会变成灾难。

当然，乔还有其他选择。他可以保持原来的生活水平，将所得收入全部投资于子女的大学基金，个人提前退休或其他长期财务目标。意外之财所产生的复利会对生活产生巨大的积极影响。不幸的是，大多数人都不会这样做。若以 8% 的年回报率计算，乔所得的税后 60 万美元将在九年后增长到 120 万美元，18 年后则会增长至 240 万美元。

计算所得的意外之财在缴纳税费和还清债务后还剩多少。如果想以此增加年收入，你可以每年提取 4%~5%。但需记住，提取部分也需缴纳收入所得税。你会发现计算这笔意外之财以 8% 的年收益率在 5 年、10 年或 20 年之后所得的收益数额会很有用。可以使用 Excel 表格或理财计算器进行计算。

尝试使用计算器对你当前及未来的财务水平进行估算。计算出新净资产规模。估测未来可能获得的养老金或其他收入及预计获得时间。通过这些信息可以更好地帮助你确定如何最大程度享用这笔意外之财，即第三步。

列出愿望清单

对意外之财进行实际评估之后，下一步为将其与你的愿望结合。写下在不考虑资金因素时你对生活的期待。会不会辞职？会住在哪里？将怎样生活？想成为什么样的人？想去哪里旅游？有没有希望参与的特定事项？设想不同时间段内你所期待的生活：

1. 现在；

2. 一年内；

3. 五年内；

4. 十年内。

拟定愿望清单后，将这些梦想转化为具体的书面目标，并配以实际最终完成期限。在三张纸上分别列出这些目标：

1. 短期目标：拟在一年内完成的目标；

2. 中期目标：拟在接下来的五年内完成的目标；

3. 长期目标：拟在剩余时间内完成的目标。

确定短期、中期及长期目标后，将各类目标分别按重要性排序。综上得出目标清单和充分利用生活的优先事项清单。

下一步是将目标与支出相匹配。如果有辞职计划，现在可执行吗？如果现在尚不具备辞职条件，何时可以？如果有创业计划，是现在吗？你能负担得起换房或搬到梦想中的居住地所需的费用吗？如果目前负担不起，所得的意外之财需要复利多久才能使你的梦想成为现实？你有旅行计划吗？意外之财能减轻大学费用等未来财务负担吗？你是否有一直想从事的爱好或活动？在决定如何处理意外之财时，请参考你的目标清单。通过投资而非坐吃山空来实现梦想。

寻求专业帮助

除非你在金融、房地产和税收筹划方面受过良好教育，否则此时并不适合孤军奋战。获得意外之财诚然是好事，但一系列问题会随之而来。通常来说，金融专业人士的帮助是一笔划算的投资，既节省了时间、金钱，又可避免困扰。

正如第16章中即将提到的那样，"财务专业人士"或"财务规划师"都是名不副实的。许多所谓的金融专业人士其实都是金融销售人员。虽然你可能需要他们销售的产品，但他们并非提供财务建议的合适选择，否则将如同邀请狐狸看守鸡舍一样。你需要的是可以提供符合你的最佳利益的客观建议的人。向金融产品销售员咨询财务意见会导致潜在的利益冲突。虽然许多人看似为你的最佳利益考虑，但他们更感兴趣的是向你推销哪种产品可以使自己获得最大利润。这种风险是可以避免的。从多渠道寻求建议，并进行多元投资/保险理财。

不出售投资产品的注册会计师是寻求建议的良好选择。好的注册会计师可以提供以下咨询：

1. 评估整体财务状况；

2. 计算意外之财可能产生的任何税收；

3. 推荐可能需要的保险或目前已购买但不合适的保险；

4. 帮助决定是否需要遗产规划律师；

5. 计算意外之财的最佳使用方式，如退休计划应采取一次性付款
   还是每月提取；

6. 对意外之财如何帮你实现长期财务目标具有更清晰的认识。

美国注册会计师协会对从事个人理财规划的注册会计师具有官方认证。从 AICPA 网站中搜索，即可寻找附近的专业人员。我们建议，事先确定注册会计师或他们推荐的人员是否从事金融产品销售，如果答案是肯定的，则要尽量避开。

你可能还需要遗产规划律师和理财规划师。注册会计师可能会推荐一些有能力的律师来满足你可能需要的任何要求。律师资质可通过相关网站查看。一些金融从业人员既是律师和会计师，可以为你处理大部分工作。

第 16 章会对理财规划师进行更多的介绍。如果需要理财规划师，你需要寻找的是在处理意外之财的问题上经验丰富的从业者。

总之，成功管理意外之财需要了解随之而来的心理和财务现实。就像生活中的大部分奖金一样，它也具有自己的问题。但综合来看，拥有意外之财还是美好的。

第 16 章

The Bogleheads' Guide to
Investing

如何找到理想的
理财顾问

我为他人贡献了两个孩子上哈佛大学的学费——我经纪人的孩子。

——迈克尔·勒伯夫

DIY 投资还是寻找专业顾问

2001 年 6 月，第二届博格投资论坛聚会在宾夕法尼亚举办，迈克尔的这句玩笑话当场引起了大家的一片笑声。然而，将其放进现实中仔细考虑，你会发现这句话其实并不好笑。梅尔·林道尔的一位大学同学后来做了经纪人，他曾提到在他工作过的券商公司流行的一句俏皮话："投资人买进卖出时，投资经纪人会赚钱，券商也会赚钱，这三者中至少两者会受益。"梅尔的经纪人朋友说，当时他所在的公司将鼓励客户频繁买进卖出（即炒单）作为业务重点，目的是赚取佣金。虽然我们确信他们并不会刻意让客户产生亏损，但是他们知道，即使投资者没有从中受益，经纪人和券商也会盈利。当你决定自行投资或交由经纪人代办时，需要记住这一事实，因为经纪人和券商的利益与你并不一致。

大多数博格协会成员都是自助型投资者（DIY 投资者）。一些曾经通过经纪人投资的人慢慢意识到，经纪人在推销高费用共同基金、养老金及其他高成本投资产品时会从中得到丰厚的佣金，而并非为投资者的最佳利益考虑。

有时，我们发现（但已经太迟）他们卖给我们的投资产品甚至根本不合适，例如，使用本已享受延税优惠的个人退休账户购买赎回期限较长的养老金。一些投资者在与经纪人打交道时付出了高昂的代价，有时还遭遇了不愉快的经历，所以我们最终决定必须自学理财知识，自行掌握财政命运。另外一些博格人在投资生涯开始时可能借助过经纪人的帮助，且未遭遇过不愉快的经历，但后来改为直接投资的原因可能仅仅是因为具备了自行处理经济事务的能力。还有一些人选择直接投资的原因是纯粹不想因为将生活中最重要的部分（自己和子女后代的经济富足）交由陌生人处理，所以从来不使用经纪人或任何其他投资顾问。

无论我们通过何种方式成为 DIY 投资者，在某种情况下，我们必须花时间来补充投资知识，这样才能在没有经纪人或顾问的帮助（及佣金）时做出适合自己的投资决策。在知识和信心的武装下，我们发现自己可以买到免佣金、低成本的良好投资产品，例如先锋集团及其他低成本发行商提供的投资产品，而无须支付任何成本或佣金。这时灯光熄灭，到了我们和经纪人说再见的时候。我毫不怀疑，在得知客户将其投资转为先锋集团的产品时，一些经纪人和顾问可能会像广告里一样尖叫道："哎哟，又有一个客户投奔了先锋集团！"

金融专业教育背景很关键。然而，除非在大学里主修财务专业，或足够幸运拥有在储蓄和投资上对我们言传身教的父母，大部分人并没有这一重要领域的正规训练或背景。所以，无论打算独立投资还是聘请经纪人或财务顾问，我们都需要接受更多的财经知识。否则，我们将会措手不及，并在巧舌如簧的"帮你实现全部梦想"推销辞令的攻势下毫无抵抗之力。

在各层次的教育中，投资和金融基础知识都不是必修科目，这才是真正的悲剧。但既然已经缺失了基础教育，我们将尝试为你提供必要的背景知识，或者在你不愿独立投资而是希望雇用经纪人或顾问时提供注意事项。

金融职业大荟萃

嘘！想成为财务顾问吗？或者想成为金融分析师吗？理财规划师、理财

179

策划师或投资顾问听起来如何？不管信不信，在名片上印上这些头衔和行业，你就可以直接披挂上阵了。真的就这么容易。

这五种名称都是通用名称，不需要任何特殊教育、从业经历、考试或职业认证。根据美国证券交易委员会（SEC）规定，**任何人不需官方注册或满足任何教育或从业经历要求即可使用这些资格**。博格投资协会作者理查德·费里曾经是一位经纪人，现在改行成了一位"只收费"的理财规划师，他曾警告道："证券公司的每个人都可以自称副总裁。如果不是副总裁，他们要么是新人，要么即将离职。"

许多花哨的头衔都只是为了给我们留下深刻的印象，但在现实中，这些头衔没有任何意义。这是非常可怕的，不是吗？如果你决定把自己的财务事务移交给他人处理，希望你能看清你所面临的事实。

除了那些通用头衔之外，如果将各类保险和员工福利资质包括在内，美国金融业监管局（FINRA）数据库中列出的专业头衔近150种。需要注意的是，美国金融业监管局仅提供信息，但并不提供背书保证。

上文提到的无认证通用头衔不需要特殊训练或技能即可获得，一些咨询顾问使用的即是此类资格。与其不同的是，咨询顾问需具备一定教育水平、考试或工作经验才能获得FINRA数据库中列出的职业资格。此外，许多此类职业资格要求持有人签署道德规范协议，并攻读一定数量的、经核准的继续教育课程才可继续使用。

然而，不同职业资格的准入门槛千差万别，一些资格授予机构的标准和要求均比其他机构严格得多。因此，从标准严格的机构获得资格的咨询顾问受到了大多数博格人的推崇。特许金融分析师（CFA）和注册金融策划师（CFP）便属于这种认可度高的职业资格。

CFA资格持有人必须满足以下要求：

　1. 本科及以上学历；

　2. 必须为金融领域从业者；

3. 在投资决策领域具有三年以上的专业工作经验或具有四年以上的合格工作经验（全职，但不一定与投资有关）。

此外，CFA 资格对教育背景也具有较高的要求。其中包括 750 小时的学习量（共三个等级，每等级 250 小时）。最后，各等级必须通过综合考试，且每年只能参加一次。

CFA 资格持有人的职业包括分析师、养老基金经理、对冲基金经理及共同基金经理等。然而，一些训练有素的 CFA 持有人确实以理财顾问为职业选择，他们被很多博格人公认为业界素质最高的顾问。

与 CFA 类似，CFP 持有人也需受过严格教育。他们必须掌握 100 多种理财规划课程。

1. 理财规划基本原则；

2. 保险规划；

3. 雇员福利规划；

4. 投资规划；

5. 所得税规划；

6. 退休规划；

7. 遗产规划。

参加 CFP 资格考试之前，必须在美国国内大学院校接受过经核准的课程教育。虽然大学文凭曾经并非 CFP 资格的必要条件，但自 2007 年起，CFP 资格的申请人必须已获得认证教育机构的大学文凭，专业不限。

满足教育背景要求绝对不能保证申请人一定能通过 CFP 综合实践考试。事实上，大量申请人并未通过第一次考试，尽管已经圆满完成了必修课程。鉴于考试的难度较高，许多申请人会参加额外的考试培训课程。这些课程类似于注册会计师考试或律师职业资格考试等其他资格培训课程。通过考试并获得令人羡慕的 CFP 资格一定是一项值得自豪的成就。

除 CFA 和 CFP 资格之外，你在寻找理财顾问时可能还会遇到其他金融职业资格。表 16–1 列举了金融职业资格的首字母缩写。

表 16–1　　　　　　　　　　　　职业资格及其缩写

首字母缩写	职业资格
AAMS	认证资产管理专家
AEP	认证房地产策划师
AFC	认证金融咨询师
AIF	认证投资信托师
AIFA	认证投资信托审计师
BCA	认证养老金理财师
BCAA	认证资金配置理财师
BCE	认证遗产规划理财师
BCM	认证共同基金理财师
BCS	认证证券理财师
CAA	认证年金保险顾问
CAC	认证年金咨询师
CAIA	特许另类投资分析师
CAM	特许资产管理师
CAS	认证年金专家
CCPS	认证大学规划专家
CDP	认证离婚财产分割规划师
CDS	认证离婚财产分割专家
CEPP	特许遗产规划从业者
CFA	特许金融分析师
CFG	注册老年理财师
CFP	注册金融规划师
CFS	注册基金专家
ChFC	特许金融顾问

续前表

首字母缩写	职业资格
CIC	特许投资咨询师
CIMA	认证投资管理分析师
CIMC	认证投资管理顾问
CMFC	特许共同基金顾问
CPM	特许投资组合经理
CRA	认证退休管理者
CRC	认证退休顾问
CRPC	特许退休规划顾问
CRPS	特许退休规划专家
CSA	认证高级顾问
CSC	认证高级咨询
CSS	认证高级专家
CTEP	特许信托及遗产规划师
CTFA	认证信托及财务顾问
CWM	特许财富管理师
FAD	委任金融分析师
MFP	专业金融师
PFS	个人理财专家
QFP	合格理财规划师
RFA	注册金融助理
RFC	注册金融咨询师
RFP	注册金融规划师
RFS	注册金融理财师
WMS	财富管理专家

从表 16-1 可以看出，一些职业资格是针对特定情境或群体设立的，如离婚、老年人、遗产规划，以及大学融资和退休融资。但笼统的职业资格占大多数，覆盖了金融和投资领域的更广范围。

美国金融业监管局官网对职业资格具有更多的介绍，包括各职业资格的授予机构及获得条件要求，如教育背景（部分资格包括完整课程大纲）和考试类型等。

所以，如果决定聘请顾问，如何寻找适合自己的呢？首先，鉴于 CFA 及 CPA 资格的高标准和教育要求，我们认为持有 CFA 或 CPA 资格的顾问应被列入备选名单。

其次，你肯定希望顾问的利益与你一致，因此你需要了解顾问的薪资支付方式，并以此确定不存在潜在的利益冲突。

你需要明白的是，投资顾问的薪资支付方式并不相同。一些投资顾问的薪资以佣金为基础，因此在尝试向你推销高佣金产品时不一定会考虑该产品是否符合你的最佳利益。此类投资顾问包括全方位服务经纪人、独立经纪人、银行经纪人及伪装成理财顾问的保险经纪人，这些投资顾问都会推销具有前端或后端费用的高成本共同基金及养老金等保险产品。我们不建议你使用这种收取佣金的销售。

"只收费"顾问的薪资通常采取管理资产（AUM）支付方式。顾问每年从你的总资产中提取固定比例作为报酬。不同顾问管理资产的成本具有很大差别，从每年 0.25% 到高于 2% 不等。此费用通常具有协商空间，对较大规模的账户更是如此。AUM 支付方式不含交易费用、保管费用及其他与投资组合管理相关的费用。

AUM 支付方式有利有弊，根据不同顾问有所区别。优势在于，因为顾问已经收取了年费，所以他们可以免费推荐良好的无佣金共同基金及其他合适的低成本投资方式。劣势在于，许多高素质的顾问往往对账户最低规模具有较高的要求，因此，许多投资者可能被排除在外。同时，即使满足账户最低要求，为年收益率仅为 4% 的债券基金支付高达 2% 的年费是非常昂贵的。事实上，这相当于收益的一半。即使年收益率为 8%，2% 的年费也相当于四分之一的年度收益。不容忽视的是，即使某些年份收益率较低，投资组合甚至可能出现亏损，但你依然需要支付 AUM 费用。显然，你希望选择一位业务素质好且收费低的投资顾问，因为所支付的每一笔费用都会同等减少你的总收益。

一些经纪人和保险经纪人自称采用基于费用的佣金收取方式，你必须将其与"只收费"的顾问区分开来。"基于费用"是销售人员常用的术语，非常模糊。许多抽取佣金的投资产品销售员都告诉客户自己的佣金由保险公司或共同基金公司支付。这种情况常见于销售 B 类共同基金和无前端费用但收取高额佣金的变额年金的经纪人和保险代理人。经纪公司还出售包管账户。包管费用包括 AUM 管理费、佣金及其他捆绑费用。该费用通常从每年2% 到 3% 不等。

包管账户涵盖所有费用，且会提前告知，虽然听起来很有吸引力，但经纪人实际收取的金额通常偏高，为 1% ~ 2%，与免佣共同基金相比更是如此。在最坏的情况下，经纪人会出售高佣金产品并向客户收取 AUM 账户管理费。这种情况下的年度总成本可能会达到 4%。这种方式将你的资金转移到了经纪人的手中，因此被称为财富转移。现在你应该可以明白为什么如此多的经纪人和保险经纪人都宣称自己采用基于费用的佣金收取方式。鉴于这种情况下已存在潜在利益冲突，我们依然不建议采用这种理财安排。

有两种支付方式可供选择：一次性收费或按小时收费。这些支付方法最适合那些希望仅在构建整体理财路线时寻求帮助，但随后独立实施理财顾问的方案的投资者。他们也可能会定期或不定期为后续建议交费。在这种支付方式下，因为所有费用都由你支付，投资顾问只为你工作，这意味着你和投资顾问处于同一战线。与诱惑你购买高佣金产品的经纪人不同，固定收费或计时收费的投资顾问会为你推荐最合适的投资方案。先锋集团等共同基金公司也提供一次性投资规划服务，收取固定费用。如果你已在该公司进行了足够规模的投资，此规划服务费可减免。这种"只收费"的方式可能是博格人在寻求专业理财建议时使用最多的支付方式。我们的朋友和理财导师约翰·博格曾说道："资产配置非常重要，但成本同样重要。其他因素都是次要的。"

美国证券交易委员会（SEC）曾公布了一份可为投资者聘请投资专业人士提供帮助的指导方针。重点内容总结如下。

1. 考虑自己的理财目标，确定需要哪种类型的金融服务。清楚自己的需求，不仅会帮你找到合适的专业人士，还有助于防止你为不想要的服务付费。

2. 请朋友、邻居、家人或同事推荐专业人士。与多位专业人士交流。询问他们的专业领域、职业资格、注册或许可资质、教育背景、工作经历、投资经验、产品和服务以及操守记录。

3. 了解你为专业咨询服务付费的原因。确定他们是否会对所推销的理财产品抽取额外补偿或经济奖励。

4. 确保投资专业人士及其所属公司是否在美国证券交易委员会或国家保险或证券监管机构进行了恰当的备案登记。大多数投资专业人士需要以投资顾问、投资顾问代表或经纪人（注册代表）的身份注册。注册仅代表完成了相应文书填报工作并支付了费用，并不等同于认可，也不代表任何特殊培训或专业知识水平。一些投资专业人士可能只具有保险销售资质。

5. 如果投资专业人士向你推销投资产品，确定其所属公司是否为证券投资保护公司（SIPC）的成员。如果发行投资产品的公司破产，SIPC 会提供一定的客户保护。

6. 记住，找到最符合你的财务需求的投资专业人士属于正确投资决策的一部分。不要急于做决定，做好背景调查，拒绝任何催促你立即聘用自己的投资专业人士。

注册金融策划师标准委员会也会提供与选择理财规划师有关的免费在线

信息，可通过其官方网站查询。

阅读本章的信息之后，现在你应该明白即使打算聘请理财专业人士，也需做好准备工作，具备更丰富的知识储备。在自己的财务未来这一问题上，绝不能做毫不知情的消费者。而且，读完这本书（及其他著作）后，也许你会发现投资并不复杂，你可能会决定自行投资，加入 DIY 投资者的行列。

第二部分

投资的持续策略

第 17 章

The Bogleheads' Guide to
Investing

随时再平衡投资组合

> 万无一失的方法从不考虑愚人的智慧。

——吉恩·布朗（Gene Brown）

在投资组合再平衡的问题上，没有简单的"一刀切"途径。每位投资者必须选择一种适合自己的再平衡方法。我们要确保不论选择哪种方法，都将在所有市场情况下坚持不变。然而，在做出睿智选择之前，我们需要确定再平衡的对象以及可供选择的方法。

本章将讨论再平衡投资组合的原因并提供若干可供选择的方法。我们还将讨论再平衡投资组合时需考虑的因素。

再平衡投资组合的原则

再平衡是指在市场变化或人生事件的影响下，不同资产类别及其组成部分发生变化之后使投资组合回归目标资产配置的行为。

为什么要进行再平衡

再平衡投资组合可以控制投资风险。再平衡后的投资组合将回归最初确立资产分配方案时适合自己的风险水平。正如第 12 章所述，使投资组合多样化的一个主要原因在于，不同资产并不总是同步变动，即使是同步变动的，其预期收益率或风险等级也不可能完全相同。另外，某资产类别或某资产类别的一部分资产有时可能会获得大大超过其他部分的收益，这会导致收益率高的资产类别或部分在投资组合中的占比远远超出预期比例，而其他投资组合所占的比例则会相应低于资产配置方案中预设的比例。

资产组合再平衡会迫使我们低买高卖。我们会卖出收益较高的资产类别，并买进业绩不佳的资产类别或部分。这恰好与睿智投资者的想法不谋而合。

部分投资者可能很难理解为什么不能保留收益超出预期的资产，其实这样做等同于让市场决定自己投资组合的构成和风险承受水平。在 20 世纪 90 年代的互联网热潮中，采取这种方式的投资者在 21 世纪初的科技灾难冲击市场时都遭受了巨大的损失。当纳斯达克指数大跌 70% 时，很多未对投资组合再平衡且保留收益超预期的资产的投资者损失惨重。相比之下，那些根据原始资产配置比例定期对资产组合进行再平衡的投资者在科技市场最终崩溃时把损失控制在了最小范围。

CFA 持有人辛迪（Cindy Sin-Yi Tsai）在 2001 年 10 月的《理财规划期刊》（*Journal of Financial Planning*）上发表的《不同风险状况下的多样化投资组合再平衡》（*Rebalancing Diversified Portfolios of Various Risk Profiles*）一文中提到了以下投资组合再平衡的几种思路：

1. 从不进行再平衡；

2. 每月再平衡调整一次；

3. 每季度再平衡调整一次；

4. 如果每月末与预期目标偏离 5% 以上，则进行再平衡调整；

5. 如果每季度末与预期目标偏离 5% 以上，则进行再平衡调整。

通常情况下，那些保留收益超预期而不进行任何再平衡调整的投资者，以为这样做可以带来更高的收益。但与他们的想法相反，文章认为，实际上增加的收益非常少，与因为不做再平衡调整而需额外承担的风险相比（按波动性测量），甚至相当于零增长。

此外，研究表明，在已研究的所有投资组合再平衡调整策略中，从不调整的方法具有最低的夏普比率。[①]

由于夏普比率衡量了投资者因承担更多风险所收到的额外回报，较低的比值说明不进行再平衡调整的投资者并未因为所承担的额外风险而得到补偿。这项研究的结论与约翰·博格一致，他曾在《博格谈共同基金》一书中介绍了为期 25 年的再平衡调整策略研究结果。

再平衡调整资产组合也可以提高收益，因为各资产类别随着时间推移具有回归均值（RTM）的趋势。通过再平衡策略，投资者在收益高的资产回归均值之前（降价）卖出，在收益低的资产类别回归均价之前（涨价）买进。因此，所有交易都在低值买进，在高值卖出。如果你相信回归均值理论，那么调整资产组合就能增加收益。约翰·博格和我们一样相信回归均值的存在。

即便你不相信回归均值理论，而相信市场的随机性，认为每一个市场动向都与之前无关，你仍然会从再平衡策略中受益，因为你控制了投资组合的风险水平。有经验的投资者都知道，风险控制有助于控制情绪，并反过来使投资组合与你的长期计划一致。所以无论从哪方面考虑，再平衡策略都是有益的。

如何知道何时应该调整投资组合

我们需要具备一定的基础知识以确定是否需要调整投资组合。首先，我们需要清楚预期资产配置。这是在第一次制订资产分配计划时确定的，随着不同生命阶段和事件的发生，我们的计划需要进行必要的再平衡，此时投资组合也需要随之修订和完善。

资产配置方案至少应包括股票、债券和现金的比例。可能还包括主要资产类别的预期占比。例如，除了明确股票在总投资组合中的占比之外，资产

---

① 夏普比率（Shape Ratio），又称夏普指数，是基金绩效评价标准化指标。——译者注

配置还包括对股票细分市场的预期构成，如大盘股、小盘股和海外股票的相对比例。另外，债券配置方案可能被进一步分解为债券细分市场的所占比例，如中期投资级债券和通胀保值债券。然而，资产配置最关键的是股票／债券／现金构成，我们需要对其进行准确的配置，因为这是投资组合的风险和回报的主要决定因素。

投资组合评估

我们需要明白的第二件事是，当前的投资组合与目标资产分配的匹配程度。在第 8 章中，我们讨论了如何建立资产配置方案。在本章中，我们将讨论一些确定投资组合与目标资产配置关系的具体方法。

应该何时检查投资组合

调整资产组合需要对其进行长期跟踪，这就会涉及一个老生常谈的问题，即"多久应该对资产组合进行检查"。与其他投资事宜一样，这个问题并没有"一刀切"的答案。

如果你具有一定的投资知识，了解并接受市场波动，在投资组合中对资产进行了正确的配置，并确定自己不会因市场下跌而惊慌失措、冒失行动，那么对投资组合进行频率更高的检查可能会对你有益。也许最大的益处在于教育意义，因为通过检查投资组合可以清楚地看出不同资产类别和细分市场在不同市场条件下的反应及其相互影响。在理想情况下，频繁检查投资组合可以帮助投资者认识到多样化投资组合的工作机制，从而帮助有耐心的长期投资者了解变动方向不同的基金对投资组合的好处。我们希望，经常检查投资组合的投资者能够注意到其资产价值在长远意义上的整体增长，包括一些下跌基金的反弹与上涨。

也有一部分人并不适合频繁检查投资组合，比如"担惊受怕"型投资者以及那些对自己的资产配置不自信的投资者。我们普遍认为，这些投资者检查投资组合的频率不宜过多，因为他们看到投资组合的市值下降时可能会担惊受怕。一旦看到所持有的一只或多只基金价值下降，他们就可能会自乱阵脚，因为他们很容易在恐慌心理的作用下卖出价值下跌的基金。这会打乱深思熟虑的投资计划。对于那些对市场波动没有承受能力的投资者来说，最好的解决方案是不看资产报表。只在每年最后一个月检查自己的投资组合的市场价值并决定是否对其进行调整。

现在，你应该清楚自己属于哪种类型的投资者，以及自己对投资组合价值波动可能产生的反应，检查投资组合的频率可以由此确定（每日、每周、每月、每季度或每年）。很明显，至少应该在决定调整投资组合时对其进行检查。

如何跟踪投资组合

有许多方法可以跟踪投资组合的业绩和资产配置。Quicken 等个人理财计划就可以完成这项任务。许多共同基金公司也经常提供投资组合跟踪服务。例如，先锋集团免费为客户提供在线投资组合监控服务（Portfolio Watch），可以登录账户查看各种资产类别在投资组合中的占比。此在线投资组合监控服务允许添加其他公司的理财产品，因此可以随时对投资者的整体资产配置进行及时跟踪。同时还可显示任何与目标资产配置的偏离，因此是很好的调整工具。晨星公司网站也提供投资组合免费在线跟踪工具，而且，它们还提供高级服务，为订阅用户提供增强服务，可对投资组合进行深层分析。除先锋集团和晨星公司之外，还有其他共同基金公司和金融网站可对投资组合进行免费跟踪，因此你完全可以找到适合自己的跟踪工具。

如果这些投资组合跟踪工具都无法满足需求，你可以使用 Excel、MS 等电子表格程序自行创建适合自己的跟踪工具。这些 DIY 数据表需要手动输入数据，因此你必须具有足够的电子表格操作技能。

对于那些软件操作不熟练的人来说，一些共同基金公司经常在定期发送给客户的报表中提供投资组合的详细说明，显示各资产类别的所占比例。

因此，如上所述，投资者在投资组合跟踪上具有多种选择，选择最适合自己的即可。

再平衡的最佳时机

关于投资组合的再平衡时机，你可能会读到或听到一些意见。有人认为应该严格按时间间隔进行调整，如每季度、半年或一年一次。也有人认为应该根据投资组合中各资产的百分比变化决定，即**扩张区间**。这两种情况都需要考虑两个因素：成本和税收。成本包括交易导致的任何佣金和费用。如果对应税账户的投资组合进行调整，则税收将成为需要考虑的因素，因为你可能会产生资本利得。需要记住的是，长期资本利得的纳税税率低于短期资本利得。

以时间为准是最常用的再平衡方法。典型的时间间隔包括每季度、半年或一年一次。然而，晨星公司研究发现，再平衡间隔为 18 个月的投资者使用相对较低的成本获得了与再平衡更频繁的投资者相同的收益。对应税账户来说，晨星公司的再平衡策略具有另外一个优势，即可以保证你获得长期资本利得，因为你持有基金的时间超过了 12 个月。

第二种再平衡方法涉及设立扩张区间。这种再平衡方法设置了一个窗口，例如，如果与资产配置期望值偏离 ±5%。只要资产类别超出了此扩张区间，你就对投资组合进行再平衡。例如，如果期望股票在投资组合中占比 60%，我们只需在股票实际占比上涨到 65% 以上或下跌至 55% 以下时进行调整即可。然而，使用扩张区间法并在资产变动突破区间时立即进行再平衡需要对投资组合进行频繁监测，其频率高于预先决定的时间间隔法，在市场波动较大时更是如此。在应税账户中使用严格的扩张区间调整法会导致短期资本利得，其纳税税率高于长期资本利得。因此，你可能会考虑将再平衡时间推迟到资产持有时限满 12 个月以后。

在调整特定部分或资产子类别（如在大盘或小盘、价值型或成长型以及投资型或高收益型之间调整股票或债券持有比例）时，晨星公司研究认为，无论何时，在资产与原始配置偏离 25% 以上时进行再平衡的策略是有效的。所以，如果在资产配置计划中，大盘股占全部股票的 60%，则大盘资金的涨幅或跌幅超过 15% 时即可进行再平衡。在此案例中，15% 即原大盘股所占比例 60% 的 25%。因此，在这种情况下，如果大盘股在股票组合中占比升至 75% 或降至 45%，我们则会进行再平衡。虽然这种方法与扩张区间类似，但需要注意的是，这种方法使用的是原始资产配置百分比，而非扩张区间法使用的 5% 的固定比例。

无论选择哪种方法（时间间隔、扩张区间或组合法），只要资产超出了预设配置界限，你都将对投资组合进行调整。

顺应市场力量的调整

市场价格每天都会产生波动。这意味着，投资组合在再平衡的第二天就已经失去了平衡。让我们举例说明市场收益对资产配置的改变以及我们应该相应采取哪些措施。

首先，以 10 万美元投资额为例，目标资产配置为股票 60%、债券 35% 和现金 5%。再平衡期限定为一年。如表 17-1 所示，一年之后股票收益率为 10%，债券收益率为 6%，现金收益率则为 3%。

表 17-1　　　　　　　市场力量对收益的影响：股市上涨情境

资产类别	原金额	市场收益率	现金额	投资组合比例
股票	60 000 美元	+10%	66 000 美元	61%
债券	35 000 美元	+6%	37 100 美元	34%
现金	5000 美元	+3%	5150 美元	5%
总计	100 000 美元		108 250 美元	100%

在这种情况下，各资产类别现百分比仍与目标资产配置中的 60% 股票、

35% 债券和 5% 现金相近，因此我们可能不会进行再平衡，尤其是在涉及应税账户或其他成本的情况下。

接下来是另一种情况，目标资产配置仍为 60% 股票、35% 债券和 5% 现金，但市场收益率变为股票 –20%、债券 6%、现金 3%。这种情况会对投资组合造成什么影响呢？

与上一个案例相比，这种情况中对投资组合的资产配置产生了较大的改变。如表 17–2 所示，与预期资产配置比例相比，股票占比减少了 7%，债券增加了 6%，现金增加了 1%。由于现比例与原预期比例差距较大，我们希望对其进行调整，回归原始 60% 股票、35% 债券和 5% 现金的比例。在第二个案例中，我们需要做出哪些调整才能回归原始资产配置比例呢？

表 17–2　　　　市场力量对收益的影响：股市下跌情境

资产类别	原金额	市场收益率	现金额	投资组合比例
股票	60 000 美元	–20%	48 000 美元	53%
债券	35 000 美元	+6%	37 100 美元	41%
现金	5000 美元	+3%	5150 美元	6%
总计	100 000 美元		90 250 美元	100%

从表 17–3 中可以看出，需要增加股票持有份额，减少债券和现金持有份额才能回归原始资产配置比例。现在，我们已经确定了哪些资产类别需要再平衡以及具体数额，有多种调整方式。下面，我们将介绍其中的一部分方法。

表 17–3　　　　　　　　投资组合需要的调整

资产类别	原金额	市场收益率	现金额	投资组合比例	调整额
股票	60 000 美元	–20%	48 000 美元	53%	+6150 美元
债券	35 000 美元	+6%	37 100 美元	41%	–5512.5 美元
现金	5000 美元	+3%	5150 美元	6%	–637.5 美元
总计	100 000 美元		90 250 美元	100%	

如何进行正确的再平衡

有多种方法可以使投资组合回归目标资产配置。我们首先想到的可能是，将售出收益超预期的资产类别，并买进更多收益低于预期的资产。这种方法当然可行，但可能有更适合我们的选择。

1. 目前需要资金的人可以选择赎回热门基金（高位卖出）。

2. 买入低于预期资产配置的基金。

3. 在共同基金分红的问题上有多种选择。与允许分红自动复投配置比例过高的基金相反，你可以选择将应税账户中的基金分红转移至货币市场账户，在基金需要再次调整时才将其转回。

4. 最后，如果你使用了投资组合经理服务，如先锋集团的资产管理服务，或成本更低的 Troy 或 MI 投资组合解决方案顾问等，你不必为调整担心，因为这属于它们的服务范畴。然而，所有投资组合管理服务都涉及成本问题和最低投资额限制。

上文讨论了投资组合再平衡的内容、原因、时机和方法，以下部分为其他需要考虑的事项：

1. 如有需要，优先调整税收递延账户，因为不需纳税；

2. 卖出任何与投资整体规划不符的基金；

3. 在赎回阶段，使用税收递延账户的自愿或义务分红来帮助投资组合再平衡；

4. 将应税账户中的税损收割视为再平衡策略的一部分。在 12 月 31 日之前卖出亏损基金才能享受当年度的税收返还优惠；

5. 在 1 月 1 日之后再出售应税账户中的盈利资产，该部分的税费可推迟到次年缴纳；

6. 在应税账户中出售盈利资产越频繁，对收益的交税期限越短；

7. 如果计划采用时间间隔调整法，选择容易记住的日期，比如 12

月、1月或生日；

8. 持有基金中基金这种简单的办法也可以满足预期资产配置的要求，如先锋集团的生命策略或目标退休系列，此类基金会自动进行再平衡；

9. 大多市场指数基金均具有自动再平衡功能。

再平衡的其他考虑因素

继承等生命变化也可以使投资者重新思考，并可能改变资产配置，这意味着我们需要调整投资组合以使其与新的资产配置方案一致。

此外，随着年龄渐长及资产增加，投资者会变得更加保守，此时应该重新审视资产配置方案，以确定在需要再平衡时已做好准备工作。如果不愿为这些费神，那么可以考虑持有先锋集团的目标退休系列基金或富达集团的自由系列基金，因为此类基金具有自动再平衡功能且随着时间推移而趋于保守。

现在，我们明白了一个道理，即投资组合再平衡可以控制风险，且可能会增加投资收益。我们还认识到了跟踪投资组合的必要性，以便在需要再平衡时清楚自己的处境。剩下要做的是何时开始再平衡。我们的建议是从现在开始。制订计划，确定并坚持再平衡触发点，你肯定能从中受益。

第 18 章

The Bogleheads' Guide to Investing

学会屏蔽错误"杂音"

> 冒牌占卜者可以容忍，但货真价实的预言家应被当场枪毙。
>
> ——拉撒路·隆（Lazarus Long）

欢迎来到投资者阶层的时代。在 20 世纪 80 年代的美国，拥有股票的人很少，持有共同基金的人只有 6%。今天，超过半数的美国家庭拥有各种有价证券。这是过去 25 年来美国家庭出现的最大财务变化，并由此产生了巨大的金融产品和服务新市场。

你可能已经想到，投资者新阶层具有巨大的投资知识需求。因此，致力于投资和资金管理的媒体纷至沓来。24 小时不间断的广播电视网络、报纸、书籍、杂志、时事通讯和网站等各类媒体争相炮制海量资讯——有些信息是有用的，但对易受影响的投资者来说，大多数信息都具有危险性。

无论报纸、电视、广播还是互联网，所有媒体都只有一个主要目标——吸引并留住受众。这是媒体挣钱的关键。媒体不是通过向受众收费挣钱就是通过销售广告挣钱。如果媒体具有足够规模的受众群体，商家会向媒体付费投放商品推销广告。如果广告使广告主获利，则媒体和商家是双赢的。然而，当涉及投资问题时，受众并不一定能因此获利。

投资媒体提供的客观信息可以帮助公众做出更好的投资决策，是一项非常有价值的服务。不幸的是，事实上存在更多的例外情况。投资媒体和华尔街并非不希望投资者获利。但问题在于，他们更感兴趣的是自己的收益，而非投资者的收益。因此，投资者经常会受高收费和误导信息所骗而损失惨重。我们可能会有些偏执，但正如老话所说，你偏执并不意味着它们不会试图欺骗你。华尔街和媒体的最佳利益往往与投资者的利益有直接冲突，下文将详细介绍。

华尔街的伟大营销机器

大多数经纪公司、主动管理型基金和货币经理人的推销辞令都传递了同一个信息："选择我们吧，因为我们知道如何跑赢市场。"通常情况下，这种承诺只是泡影，会对个人投资资产造成致命损害。

只有两种方法可以跑赢股票市场：选择优于股市的投资产品及／或市场时机。已有研究得出了确凿的结论，持续做到其中的任何一种方法所要求的都不太现实，很可能仅凭运气。

能够挑选出优越的股票意味着股市存在低效性，且这种低效性被经纪人、基金经理或货币经理人发现并加以利用。我们并不认为股市具有完全有效性。但我们知道，股市的有效性足够使得大多数选股人在扣除交易费、管理人、税费之后根本无法获得股市平均收益。这绝非一家之言，而是事实。

可以肯定的是，在给定时间内，一些投资专业人士可以跑赢大盘。但时间越长，跑赢大盘的可能性越小。事实上，从长期来看，跑输大盘的可能性高达80%。我们对这种可能性非常反感。试想：如果你是一个企业主，你会雇用将你的收益折损的概率高达80%的人吗？聘请他人对你的投资进行主动型管理无异于此。

你可能已经意识到，这些都是大多数投资业界人士不想让公众知道的事实。如果知情人太多，他们中的许多人将会失去高薪工作，不得不另谋生计。让公众相信他们可以跑赢市场符合投资业界人士的最大利益。因此，他们每年豪掷数十亿美元进行投资宣传。经纪公司和共同基金公司经常在广告中吹嘘，在特定时间段中能够通过优选股票获得跑赢市场的收益。不过，他们也会根据法律要求在广告中加入免责声明——"历史收益不能保证未来收益"。

也许他们应该再添加一个声明："建议有风险，全信需自担。"投资经理、作家瑞克·费里对此做出了恰如其分的表述："华尔街希望你相信它们是在为你赚钱，但真正目的是想赚你的钱。"80%的投资鼓吹者都无法跑赢市场，然而他们依然会花大笔的钱来试图说服投资者认为他们可以做到。

投资媒体不想让投资者知道的事实

根据上述内容，你应该明白，有效投资非常简单：

1. 构建简单且多样化的资产配置方案；

2. 根据资产配置方案将一部分收入用于投资低成本的免佣指数
   基金；

3. 定期检查投资组合，在必要时进行调整，随后继续坚持投资策
   略不动摇。

还有一种办法可以实现更为简化的投资，即购买基金中基金（FOF），既能进行资产配置，又能兼顾投资组合调整。长时间投资之后，你将超越约80%的投资专业人士。一旦资产配置方案确定，投资管理对投资知识和时间几乎没有任何要求。投资者只需要坚持不变更投资策略即可。这并不复杂，任何人都能做到。

合理投资的简单程度令投资媒体感到头疼。它们从事的是投资信息和广告销售业务。它们需要填充大量空白版面，有大把时间占满一切频段。如果有效投资如此简单，它们该如何吸引并留住观众或广告商呢？如果它们告诉公众真相，大多数人会把注意力转向更令人兴奋的东西，比如猜字谜。

靠无聊无法吸引观众，但理性投资并不比看小草生长令人兴奋。沃伦·巴菲特曾说过："静止才是明智之举。"但大多数投资媒体和华尔街的营

销机器并不想让投资者知道这一事实。如果有效投资既简单又容易，那它们销售的绝大多数产品就会失去市场。你只需要投资和信息，这比你支付给它们的钱更有价值。否则，它们只是在浪费你的时间和金钱。

因此，为了填充空白版面和时间，投资媒体炮制出了大量以投资成功为主题的报道和文章，被俗称为投资色情文学。与有价值的信息不同，投资色情文学的目的是吸引你的注意力，让你为跑赢市场而兴奋，抱着发财梦购买它们的产品或信息。但你冷静下来就会发现，即使"投资色情"的名称实际上都是言过其实，真正的色情也会说到做到。投资色情则类似于妓女收了钱，却只坐在床边描述完就起身离开。它可能是令人兴奋的，但最终并不会实现。

大多数人不懂有效投资基础知识的原因有以下几种。首先，有效市场和现代投资组合理论虽然不属于新概念，但在近几年才开始向公众普及。其次，大多数人都是第一代投资者。他们并没有接受过关于投资的正规教育，也无法从父母、朋友或亲戚处获得建议。最后，很多看似理智的投资信息都是伪装的推销辞令。这三种因素会使公众轻信误判，任人宰割。让所有人永远受愚弄自然是不可能的。然而，大多数人受蒙骗的时间已经足以使投资从业人员过上非常舒适的生活。

华尔街的三大谎言

许多人都听过一个关于世间三大谎言的老笑话。三大谎言有很多版本，但第一条永远是"邮箱里有支票待收"，其他两条则各不相同。流行版本包括：

- "当然，我会在早上爱你。"
- "约吗，我有钱。"
- "我是代表政府来帮你的。"
- "我是电话簿广告页上的人身伤害律师，是你的朋友。"

以下为两种华尔街版的谎言：

第 18 章

学会屏蔽错误"杂音"

　　1. "股市是选股人的股市。"

　　2. "股市走势是你的朋友。"

　　第一条谎言试图让你相信，投资世界已经发生了翻天覆地的变化。推销辞令会告诉投资者，虽然指数基金在历史上击败了最积极的管理型基金，但从现在开始要寻找那些具有卓越股票挑选能力的人才能跑赢市场。

　　在短期内，主动管理型基金确实可以超越指数基金。然而，时间周期越长，指数基金胜出的可能性越大。事后找出那些收益领先的主动管理型基金并不困难，但提前预测却是基本不可能的。正如现代投资组合研究大师、芝加哥大学教授尤金·法玛所述："我欲将股票挑选者比作占星师，却担心这是对占星师的污蔑。"

　　第二条谎言具有一定的真实度。有一种趋势确实是投资者的朋友。从美国 200 多年的股市历史中可以发现，上涨是唯一的长期趋势。近年的股市告诉我们：购买股票并将投资分红再投资，在该年度亏损的概率为 32%，满五年亏损的可能性下降为 13%，满 10 年亏损的概率仅为 2%，投资满 15 年亏损的概率为 0。你只需要知道这些。

　　虽然许多人都声称发现了历史模式和趋势成功预测未来股市条件的情况，但这只是选择性认知。人们总是看到自己愿意看到的事情。多项研究均表明，试图预测短期经济或股市走势在很大程度上都只是徒劳无功。

　　然而，希望是生生不息的。因为人们希望专家能够预测未来收益，因此有很多推销投资信息的人都自称为投资/媒体专家。与此同时，也有一些优秀的投资专家和投资媒体人士对公众以诚相待，并致力于提供诚实、客观、非常有价值的信息。

区分预言家和诚实的人

　　19 世纪的幽默作家阿蒂莫斯·沃德（Artemus Ward）曾写道："让我们

陷入困境的不是无知，而是知道得太多。"我们身边充斥着太多指手画脚的噪音。如果你关心自己未来的财务状况，那么你必须知道如何识别并屏蔽噪音。以下为三条识别噪音的建议：

1. 一切预言皆为噪音；

2. 听从有益建议，忽视欺骗辞令；

3. 做一个真正的怀疑主义者，为知识储备做好功课。

接下来我们将逐一进行详细讨论。

一切预言皆为噪音

请暂时跟随我们的思路。假设你某天醒来发现自己具有了股市预测的能力，有效期为一年。在接下来的 12 个月里，你知道哪些股票会上涨、哪些会下跌，你还知道应该何时买进或卖出哪只股票。那么，你会做下列事情吗？

1. 笔耕不辍，发布股市通讯，把你知道的都告诉别人。

2. 联系投资杂志，告诉它们在未来半年必须买进哪六只最热门的股票，让它们在下一期刊发封面文章。

3. 制作专题广告片，销售传授自己预测天赋的课程。

4. 邀请人们参加免费餐会或研讨会，向他们销售投资课程，或说服他们将资金交给你管理。

5. 参加覆盖全球的广播或电视节目，告诉全世界如何投资。

6. 保持沉默，将自己名下的农场抵押，闷声发大财。

上述前五项都相当于放任一笔巨款扔在桌子上。有了这种预测天赋，聪明的做法是不要声张，尽可能多地借钱，在正确的时机投资正确的股票，低买高卖。这样做可以让你在一年内成为全球首富。尽管这种天赋有效期仅为一年，已经足够让你用零钱买下比尔·盖茨、沃伦·巴菲特和富裕的阿拉伯酋长的全部资产。

市场预测与体育预测类似。我们对即将发生的事都有自己的看法，任何人都有猜对的机会。但为体育或股市预测下注只是失败者的游戏。赢家是预测专家、赌博公司、资金管理者和经纪公司,因为他们得到了报酬,而风险则由投资者承担。

如果你是体育爱好者,不妨阅读一本对足球或篮球赛季进行预测的体育杂志。你会注意到一个有趣的现象。几乎所有被预言将获得好成绩的球队在去年都具有良好的表现。现在抛开杂志,在本赛季结束后再来检查杂志预测的准确度。你会发现一些结果并未被预言家言中。一些在预言中将有可能遥遥领先的球队却表现平平,而预言中表现一般的球队却发挥出色。

股市预测与其类似。对未来股市走向和获利股票的预测通常以其最近的收益为基础。倾向于认为最近发生的事会在不久的将来再次发生的行为特征被称为近因偏差,我们在第 6 章中已有所讨论。

例如,20 世纪 70 年代,股市低迷。1979 年 8 月 13 日,《商业周刊》(Business Week)杂志发表了一篇标题为《股票之死》(The Death of Eguities)的封面文章。不到三年被《商业周刊》宣布死亡的股市死灰复燃,经历了史上最繁荣的牛市,并持续了近 20 年。

与之形成鲜明对比的是,在 2000 年年初的股市高点,提出警告的观点少之又少。大多数预测专家都在大谈特谈"现在必须拥有的十只热门科技股"之类的言论。20 世纪 90 年代末,经常听到有人寄希望于股市永远保持 20% 的年度收益率。这些都是近因偏差的例子。它使我们相信假象。

投资专家有以下三类:

1. 明白自己并不了解市场;

2. 自以为自己了解市场;

3. 假装了解市场并从中赚钱。

在股市短期走势预测上,所有人的盲目程度都是一样的。你的预测与获诺贝尔奖的经济学家、去年业绩领先的共同基金经理、热门股市时事通讯,以及广大中产阶级的预测具有同样的正确程度。不要为他们中的任何预测而孤注一掷，包括你自己。这只是噪音。

听从有益建议，忽视欺骗辞令

投资学习者可以通过很多良好的渠道寻找参考意见，这些渠道包括所有媒体介质：书籍、广播、电视、报纸、讲座、研讨会以及投资课程、杂志、新闻、视音频课程和互联网等。这是好消息。

但坏消息是，存在更多以推销而非帮助为目的的不良投资建议。区分二者很难，但依旧可以做到。以下是一些从各类媒体中筛选有益信息的指导意见。首先是噪音的主要来源。

广播及电视信息广告

这些广告节目通常不乏衣着光鲜的销售人员，他们让发家致富听起来像小孩子的游戏。只要订购他们的书籍、音像节目或投资课程，你就能学到获得无限财富的秘密。

当然，这类人致富的方式是向轻信的公众出售不良信息。这是一种连嘉年华聚会上拉客的导购都羞于使用的骗局。如果听从他们的建议，你很可能和他们中的一些人一样破产，拖欠税费，甚至身陷囹圄。

财经时事通讯

尽管少量时事通讯能够提供有益的投资信息，但大多数都时效性极短，且曾提供过糟糕的建议。财经时事通讯在第 13 章中已有详细讨论。一言以蔽之，在财经时事通讯方面，我们认为马尔科姆·福布斯（Malcolm Forbes）的总结最为贴切："通讯赚钱的唯一方法是靠销量。"

免费投资研讨会及餐会邀请函

这是从法定金融规划师到骗子都经常使用的销售技巧。我们认识的一位退休的博格投资者对此类邀请和推销辞令总是欣于接受，但依然坚持投资指数基金。不过，他听从了约翰·博格的观点——成本很关键。我们建议你也

第18章
学会屏蔽错误"杂音"

像他一样。

投资热线广播电视节目

所有的主持人/嘉宾通常都会推销投资、保险、资产管理、财务规划或投资通讯。不过,其中很多人确实提供了优秀建议。业务素质好的人希望你看到他们的诚实和专业经验,并因此与他们合作。业务素质差的人则满口热门股票/基金和股市走势预测,吹嘘自己的投资本领。良好的建议可以让你不花一分钱即可受益匪浅。这也是我们推荐的。

无学分的投资课程

学校开设的投资课程是学习财务规划和投资基本知识的良好渠道。然而,高等院校开设的课程并不意味着可以自动不含偏见和嵌入式推销。为了吸引新客户,经纪人和财务规划师经常会免费授课。从同一渠道购买的投资产品和投资建议总会存在利益冲突。如果你决定要参加这些课程,请记住这些事实。

投资和财富积累音像节目

此类节目质量参差不齐。优秀的节目会传授储蓄基本知识、合理投资原则,并鼓励投资者远离负债。它们会让投资者明白实现财务自由离不开合理规划、长期投入与贡献牺牲。劣质节目则充斥着投资营销。如果它们承诺让你掌握如何利用市场时机,获得令人难以置信的高回报,挑选合适的股票,空手购买房产,这肯定是骗局。

投资报刊新闻

《财富》(Fortune)杂志 1994 年 4 月刊发表了一篇题为《共同基金记者独白》(Confessions of a Mutual Funds Reporter)的文章,作者以匿名身份写道:

> 共同基金记者的投资生涯是隐秘的。白天,我们会写下《不容错过的六只基金》等风格的文章……晚上,我们却会投资理智的指数基金。

209

一些报纸杂志和在线博客会提供关于投资的良好建议。杰森·茨威格和简·布莱恩特·奎恩是其中两位提供优秀建议的作者。杰森·茨威格是《华尔街日报》"英明投资者"专栏的作者，定期发表良好的投资建议。简·布莱恩特·奎恩撰写优秀的财务和投资建议已经长达几十年。她的文章同时在个人博客中发布。这两位作家还著有多部优秀著作。

书籍

公众很容易对书籍产生即时信任，尤其是由大型出版商出版的书籍。千万不要被蒙骗。出版商更感兴趣的是销量而非内容是否属实。一些畅销投资书籍提供的投资建议并不可行。很多只是广告印刷品，旨在说服读者聘请作者作为基金经理、经纪人、理财规划师，或者购买其投资通讯及昂贵的投资课程。

许多出版商对投资推销题材的作者青睐有加，因为作者会花费重金对其著作进行推广，而出版商只需坐等巨额利润。出版商的态度往往是："只要能上畅销书排行榜，作者承担广告宣传费，谁还在乎事实呢？"然而，不管幸运还是不幸，许多斥巨资将著作推上畅销书排行榜的作者最终都宣告破产。由于已经具有了畅销书作者的身份，他们永远都能以新方式来推销个人作品，因此依然会受到出版商的热情欢迎。

仅凭某本书名列全国畅销书单并无法断定其内容是否有益。畅销只意味着这本书被推广的力度较大。读者需要关注的是作者资质以及著作本身的承诺。查尔斯·J. 吉文斯（Charles J. Givens）著有《无风险财富》（Wealth Without Risk）等多本畅销书，但吉文斯在临终前宣布了破产。我们只能假设他看到了财富，却没有看到风险。罗伯特·艾伦（Robert Allen）著有几百万册销量的著作《零首付》（Nothing Down）教读者如何不交首付购买房产，但他最终也以破产告终，甚至无力偿还拖欠税款。如果零首付买房的致富方法具有可行性，他怎么会破产呢？韦德·库克（Wade Cook）由出租车司机摇身一变成为金融大师，在书中推销自己的股市投资技术，向读者保证收益翻番，但他自己却曾经长期债务累累，拖欠税款。以他们为代表的众多作者在告诉读者如何投资时从不眨眼，但他们却无一例外地以破产告终。这里出现了什么错误呢？《圣经》早已给出了答案：良医必先自医。

互联网网站

好消息是，这一最新媒体以光速向电脑、平板电脑和智能手机推送海量信息。但坏消息是，几乎所有信息都是未经管制的。任何人都可以通过服务器建立网站，以任何形式发表声明或宣言。更糟糕的是，发布人可以从世界上的任何地方以任何个人或公司身份进行操作。互联网的媒体功能就像美国大西部一样狂野。这是一个基本不受控制的前沿区域。

然而，互联网是投资者学习合理投资基础知识并解答疑惑的绝佳场所。同时，这也是所有人发表未经证实的消息却不用被追究责任的地方。如果没有互联网，本书的三位作者可能根本不会认识。

做一个真正的怀疑主义者，为知识储备做好功课

噪音的最佳解决办法是一定的知识储备，且知识需基于称职、公正、不从投资产品和服务中获利的当事人的实证研究。从顶级金融学教授和投资从业者所写的书籍和文章中可以发现他们的研究结果非常相似，且与本书提供的信息不谋而合。我们强烈建议你这样做。掌握成功的投资知识将使你掌控自己的资金。总有一些人永远声称自己具有跑赢市场的超能力。然而，研究已经表明，事实并非如此。

本书的观点几乎全部为广泛学术研究的结果。书中提出的很多优秀建议都来自我们的朋友、导师约翰·博格的经验、著作和演讲。这些观点也反映了我们累计超过100年的投资经验和教训。良好、合理的投资信息和看似不错的投资信息具有天壤之别。分清其中的差别决定了你将来的财务状况。

第 19 章

The Bogleheads' Guide to Investing | 投资中的情绪管理

好高骛远的人淹死在下水道里。

——马克·吐温

情绪化的行为可能会让你失去一切

"只要敢于梦想，就一定能够实现。"这是传统的美国式乐观和信心。它所植根的核心信念让美国人坚信他们生活在一个自由、富饶且机会无限的国度。只要付出足够的渴望和努力就一定会梦想成真，并认为这适用于个人、家庭、团队、企业和国家。总之，美国人永远都勇于追求。这种积极态度驱动美国成了全球最大最成功的经济体。

动机是无形的，无法被测量，但确实存在。它激发了我们体内的情绪，并触发了特定的行为方式。行为是动机的产物，是可见的和可衡量的。

我们都是情感动物，因此情绪非常重要。幸福的贫穷生活要好过悲惨的富裕生活。愿望、需求和情感使我们每天做出成千上万的选择，并最终对我们产生决定性影响。我们的选择共同造就了我们自己，而大多数的选择都带有情感因素。我们吃的食物、穿的衣服、交往的人、生活的地方，共度一生的人和选择的职业，无不在我们身上有所展现。情绪具有支配地位。

根据情绪做决定往往会使生活更快乐、更富足和更成功。白手起家的人几乎总是把成功归因于成功的欲望和愿意不惜一切达成目标的信念。爱、希望、愤怒、恐惧、挫折和许多其他情绪在正确引导下可以推动我们更好地学习、赚钱、储蓄、给予、成长并成为更好的人。

然而，进行投资决策时一定要控制情绪。在投资方面，冲动行为可能会导致你走上财务崩溃和毁灭的道路。跟随直觉，盲目随大流或听从投资专家的意见，过于着急，头脑发热，自恃过高，不计后果，过于保守和许多其他情绪化的投资决策，几乎都会使你变得更穷。在金钱上存在一个悖论，即虽然大多数人在追求金钱时都受情绪驱使，但情绪化的行为往往会让人们失去金钱。

人类是如何做出与经济相关的决定的

古典经济学认为，人类会有意识地对如何分配资金以获得最大程度的满足感做出理性选择。但经验丰富的广告商和销售人员都明白，这种假设从短期来看并不现实。他们从多年的实践经验中发现，人们通常受情感驱使做出购买举动并找出理智的原因。虽然顾客或投资者能为其购买或投资行为提供合理且合乎逻辑的理由，但在某种程度上，这些大多不是真正的原因。而且，多数情况下，他们甚至都没有意识到真正的原因是什么。

当许多经济学家忙于远离现实的假设性研究时，一些在以色列工作的心理学家开创了行为经济学领域。20 世纪 60 年代末，阿莫斯·特沃斯基（Amos Tversky）和丹尼尔·卡尼曼（Daniel Kahneman）在位于耶路撒冷的希伯来大学进行了心理学实验，以确定人类如何做出与经济相关的决定。

特沃斯基和卡尼曼很快就发现，人们并不总能做出符合自己最佳利益的理性选择。他们通过实验对人类在进行快速经济决策时所用的经验原则进行了总结分类，并称之为**判断法则**（Judgmental Heuristics）。你可能已经察觉到了，大多数原则中的情感成分多于理性成分。

后来，特沃斯基调往斯坦福大学工作，卡尼曼则调往普林斯顿大学工作。2002 年，卡尼曼以其开创性工作成为首位获得诺贝尔经济学奖的心理学家。

不幸的是，特沃斯基于 1996 年死于癌症，享年 59 岁。

特沃斯基和卡尼曼及其他研究人员在这个新领域的开创性工作列出了人类做经济决定时所使用的判断法则。本章将具体讨论这些会使我们在投资中陷入困境的判断法则以及如何避免。在这之前，让我们先了解华尔街的两种主要情绪。

投资的两种主要情绪：贪婪和恐惧

贪婪和恐惧这两种原始情绪驱动着许多投资者和整个股票市场。没有人以亏损为投资目的。我们都抱着稳赚不赔的终极目标将钱投资在不确定性极大的市场中。

史前人类在很大程度上依赖于贪婪和恐惧来维持生存。在粮食短缺、食不果腹的年代，只有傻瓜才不会暴饮暴食并尽可能多地储存食物。从剑齿虎的爪下逃命意味着可以多活一天。更重要的是，它给了人类韬光养晦的机会，以及如何谋划将老虎变成自己的食物而非反之。在丛林世界中，恐惧和贪婪情绪主导下的行为是生存的关键。

但在投资世界里，恐惧和贪婪会使收益减少甚至消失。还记得第 7 章中提到的达尔巴研究吗？研究发现，在 1993—2012 年间，共同基金投资者的收益平均每年比标普 500 指数低 3.96%。收益不尽如人意的部分原因在于经纪佣金、高费用和税费，其中大部分都是投资者行为造成的。投资者在贪婪的驱使下兴奋地追逐收益，在市场高位时买进，又出于恐惧在市场下跌时恐慌卖出，最终被损失套牢。正如漫画人物 Pogo 的名言所说，我们的敌人是自己。高买低卖是很难获得收益的。

聪明人为何会做出糟糕的投资决策

虽然恐惧和贪婪导致了大量投资决策失误，但这并非全部原因。你有没有在回顾自己的投资决策时恍然大悟,猛拍额头后悔道:"我当时到底在想什么?"不用担心,大多数人都是如此。当你在做出糟糕的投资决定时,很可能使用了以下一种或多种被研究人员明确提出的判断标准。

在近因偏差心理(见第 18 章)的影响下,我们会盲目地认为今天所发生的事情会对明天产生影响。如果股市下跌,我们会认为股市将进一步下跌并卖出投资份额。如果股市上涨,我们会认为股市将继续上涨并买入更多份额。其结果是,我们以低廉的价格卖出自己的股票,又以高价买入他人的股票,这一过程导致了亏损。以下是其他在事后反思时会让我们认为自己是投资傻瓜的情绪陷阱。

自负与过度自信

过度自信可能是最大的元凶。向合理投资策略加入些许贪婪情绪就可以让你在"特价促销"面前失去冷静并因此破产。盲目的美国式乐观和自信可能会使我们做出可怕的投资决策。

尽管难以统计,但至少有 70% 的美国人认为自己处于中上水平。绝大多数人都认为自己在开车技能、智力、外表等多方面优于普通人。我们需要相信自己并相信未来由自己掌握,这一心理具有重要的使用价值。它给了我们勇气,否则我们根本不可能在生活中去尝试并获得成功。

然而,投资决策中掺杂这种情绪可能会导致困难和巨大损失。即使你的投资水平比想象中更好,过度自信依然会背叛你,原因很简单:在短期内,股市涨跌是随机事件。在不可预知的波动面前,智力、技能和知识没有任何优势。股市走势可预测的观点会让你损失财富。以下三个例子可以说明这一点。

1.20 世纪 90 年代,14 名来自伊利诺伊州比尔兹敦的老年女性组建了一个投资俱乐部,自称"比尔兹敦夫人",并声称其 10 年的投资平均年收益率为 23.4%,而标准普尔 500 指数的同期平均收益仅为 14.9%。从她们出版的一系列畅销书籍中,一名记者经过对比数据发现，她们的实际平均收益率仅为 9.1%。需要指出的是，比尔兹敦夫人们并无意欺骗公众。相反，她们根本不知道如何准确计算收益。

2. 门萨俱乐部仅限于智商测试前 2% 的聪明人加入。在 15 年期间，标准普尔 500 指数的年均收益率为 15.3%，而门萨投资俱乐部成员的平均收益率仅为 2.5%。

3. 1994 年，在两名曾获诺贝尔奖的经济学家帮助下，一家名为长期资本管理公司（LTCM）的对冲基金成立。它们自认为可以使用统计模型消除投资风险。该基金的杠杆率非常高。所控制的仓位金额共计达到 12 500 亿美元，相当于美国政府的年度预算。早期获得一些较大成功之后，金融危机席卷了亚洲。1998 年，长期资本管理公司遭遇重大亏损，濒临破产。为了防止引发世界经济崩溃，纽约联邦储备局组织了 14 家银行，共投入 36 亿美元将其收购。数十亿美元化为泡影。这次事件以昂贵的代价告诉世人，天才也无法保证投资成功。

如果你认为自己挑选股票、把握市场时机，或预测经济走势的能力优于他人，那么你很可能会陷入过度自信的陷阱。毫不奇怪的是，这种情况在男性中发生的比例要高于女性。因此，女性往往比男性获得更高的投资收益，因为她们的周转率较低且更为谨慎。另一方面，男性在传统教育中往往承担了采取行动解决问题的角色。问题在于，采取大胆行动来解决投资问题通常会带来更严重的困境。我们希望你相信自己，也希望你的能力超出自己的想象。但是，在辛苦积累的个人资产这一问题上，请记住一点：在股市中懂得"无人具有投资预言天赋"这一道理，会付出昂贵的代价。

损失规避

你每天都检查自己的投资组合吗？你会在股票或共同基金获得可观回报时将其卖出以锁定收益吗？你会一看到股票 / 共同基金下跌时就将其卖出吗？

你会在年轻时就将大部分储蓄都投资于债券或安全、极端保守的理财产品吗？如果符合以上情况，你可能会因为损失规避心理而拉低潜在收益。

损失规避是过度自信的对立面。虽然过度自信会让我们过于大胆，但损失规避会使我们在投资上缩手缩脚。实验已经发现，人类因损失 100 美元所遭受的痛苦是因获得 100 美元所带来的喜悦的两倍。因此，许多人炒股亏损后都发誓远离股市。正如马克·吐温所说："猫被热炉子烫伤以后，就再也不愿意坐到任何一种炉子上，不管是热的还是冷的。"

也许你认识一些人，他们在 1929 年股市崩盘、1973—1974 年熊市、2000年科技网络泡沫破灭，或 2007—2009 年房地产泡沫和信贷危机中遭遇了亏损，因此现在只将所有资金放在银行里。他们可能认为自己的投资是安枕无忧的。然而，如果加上税收、利息和通货膨胀因素，他们中的很多人其实已经在购买力上产生了损失。所谓的安全投资并不总像损失规避型投资者所想象的那么安全。

分析麻痹

这一投资陷阱与损失规避类似。开始投资时，我们需要从成千上万的基金中做出选择，同时被大量试图告诉我们如何投资的噪音包围。机会越多，选择越难。因此，有些人宁愿不选择、不投资。

问题在于，最终放弃投资这一决定本身导致了机会损失。此类损失并不会直接从账户上消失，因此，投资者可能并没有意识到这一问题。然而，他们失去的是本应该产生复利并具有资本净值的资金。部分员工仅仅因为无法决定选择哪种投资方式便放弃雇主提供的配套退休计划，该部分的放弃金额每年可达到数十亿美元。如果难以做出投资决定，请记住，投资就像打篮球，如果不尝试，你投不中的概率为 100%。

禀赋效应

许多人都倾向于将安全与熟悉混淆，并对已经拥有的东西估值过高。这就是禀赋效应。员工会将大部分资金投资于本公司的股票，这种普遍性的投资错误便是由禀赋效应导致的。如果你认为这是一种谨慎的投资方式，请咨询因安然公司破产而蒙受损失的员工后，重新考虑。选择这种投资方式的员工已经为公司投入了一半或以上的清醒时间。紧接着，他们又将大部分资金也赌在公司上。将这种行为称为投资单一已经是有所保留了。

禀赋效应导致的另一种常见投资方法是，认为美国投资更安全而只购买国内基金。从历史上看，尽管达到高位的时间不同，但美国国内基金和海外基金的收益率近似相等。有人认为，在这一相互依存的全球化世界，没有必要投资海外基金。原因在于，许多美国公司在海外获得了大量收益，美国的国内基金已经实现了全球多样化。然而，这种推理逻辑与纯粹假设美国基金更安全有极大差别。正如之前所说，我们认为，大多数持有海外股票比例为20% 左右的投资者将因此受益。

从众心理

人类习惯于顺应并具有从众的本能。一致性能帮我们融入许多商业和社会环境中。我们中的许多人都习惯了那句古话——"想要合得来，就得跟着走"。

但是，投资上的从众心理相当于把自己的资金拱手让人。针对共同基金投资者收益的达尔巴研究所总结的经验教训在此处依然适用。随大流很可能会给你带来负收益。

可悲的是，从众心理会将投资者带到屠宰场。从众型投资者都有一些共同特征。他们没有良好的投资计划，受噪音影响，在错误的时间买卖，对自己的收益低于大盘的程度一无所知。事实上，禀赋效应会令大多数人认为自己的投资收益远高于其实际表现。可称之为比尔兹敦夫人效应。由于大多数人认为自己高于常人，他们便认为自己的收益也高于平均水平。

心理会计

这种情绪陷阱会使我们成为可怜的储蓄者而非失败的投资者。然而，你不能投资不属于自己的储蓄，因此这种习惯是值得注意的。心理会计是一种根据来源对钱进行区别对待的习惯。当然，钱的获得途径不会对钱的实际价值产生任何影响，但我们往往无法以这种态度理性对待金钱。

例如，当你获得了所得税退税，你会认为这是捡来的钱吗？会用这笔意外之财奖励自己吗？这种心理即心理会计。事实上，这相当于你向政府发放了无息贷款，你应该感到懊悔。你应该要求雇主减少工资扣缴税款金额。这笔钱本应去年就在你的账户上产生复利，这样就可以获得更多的收益。

心理会计的其他例子还包括在出行计划中购买不可退费的机票。如果因故无法按计划出行，你还是会因为不想浪费机票而产生应该去的心理。所以，你最终还是使用了机票，外加食宿费用和被打乱的时间安排。事实是，在决定是否出行时，机票价格是应被忽略的沉没成本，否则将会使你为了本不必花的钱而产生更大的成本。

你会将退休资金以非常安全的方式投资，但仍有信用卡欠款未还吗？你使用信用卡支付会比用现金支付消费更多吗？你会自认为是理财好手，但依然存不下钱吗？所有这些都是心理会计的症状。

锚定心理

你是否坚持通过某资金经理、经纪人或财务规划师投资，但并不知道他们为你获得的收益是否高于市场水平？你是否持有已经贬值的资产，发誓只在其恢复某一价格时才出售？你是否坚持某些投资习惯而不探究真实情况？这些都是锚定心理的症状——坚持旧的信条或舒适的观念，尽管这些观点事实上可能会对你的财富产生不利的影响。

"我意已决，不要用事实干扰我"这句俗语是对锚定态度的最好描述。经常有人在房子达到他们的"心理价位"之前不愿出售。据我们所知，有一对在一座小城的老区拥有一套旧房子的夫妇坚持心理价位的时间超过了 10 年，而他们在一天天变老。他们似乎忽视了税收、保险、维护和消除房内虫害的成本。然而，现在他们继续拥有并生活在不想居住的房子里，等待房子达到自己的预期价位。

毫无疑问，仍有投资者不愿走出科技网络泡沫，以昂贵代价继续持有并耐心等待纳斯达克指数重上 5000 点。此类锚定心理是收益的累赘。

财务疏忽

最后，拖延对经济成功的损害程度最大。许多人做出不合理投资决策仅仅因为他们忙于其他事情而无暇抽身。他们忙于赚钱或是花钱来学习如何攒钱并令其增值。对一些人来说，学习如何成为精明的投资者需要耗费太多精力。因此，他们将全部理财任务分派给会计师、保险代理人、律师、经纪人或财务顾问。他们对自己为此支付的佣金、专业服务费、税务和管理成本毫无所知。他们不了解经济，不懂金融市场和复利的力量，也不知道他们支付报酬的人是否尽心尽责。

著名演员、经济学家本·斯坦（Ben Stein）在一次投资研讨会上发表了演讲，我们中有一人在场。斯坦在演讲中提到了一位对他的演艺事业提供过重大机会的电影制片人。像好莱坞演艺圈从业者一样，这位制片人花钱大手大脚，经常乘坐豪华邮轮往返欧洲。这位制片人最终破产，不得不依靠斯坦帮其支付房贷月供。疏忽一定会亏损。世上既有人白手起家，也有人坐吃山空。只是后者的曝光频率不如前者。

如何做到情绪控制

意识到投资的情绪陷阱是一回事，但采取措施防止其破坏你的投资则是另一回事。那么，你该怎么做呢？

第一，将主要财务目标写下来，并列出需要使用资金的时间。何时需要多少大学学费？何时需要多少房屋购置资金？何时退休以及需要准备多少退休费用？良好计划开始于设定财务目标和日期。

第二，如果你坚持了本书推荐的投资技巧，你会自动避开上述的大部分情绪投资陷阱。还清信用卡和高息欠款，并远离债务。制订简单、合理的资产配置计划并坚持下去。按照资产配置计划对每一部分收入进行系统储蓄及投资。开始投资越早就越富有。将大部分或全部资金投资于指数基金。保持较低的投资和税收成本。不要尝试利用市场时机。忽略噪音，在必要时对投资组合进行再平衡，并坚持自己的资产配置计划。这些方法将帮助你管理投资风险。你会低买高卖并有效利用复利。你会缓慢但系统地积累财富并在退休后享受舒适的生活。运气稍好一点，你会拥有比梦想中更多的钱。这些方法久经考验，已为数百万人提供帮助，你也可以成为其中一员。

第三，不要相信投资应该有趣且令人兴奋这一误导大众的观点。投资是一个以积累并维持财富为目标的过程。这不是迪士尼世界、拉斯维加斯、彩票或橄榄球超级杯大赛，通过投资来寻求兴奋只能以亏损告终，倾家荡产是很容易的事。

想要兴奋？对你的事业保持兴奋。对你的家庭、邻居、信仰、钟爱的事业、运动、爱好或任何感兴趣的事情保持兴奋。对挣钱和存钱保持兴奋，但在投资上保持冷静。只要资金充足，你可以在任何感兴趣的正当事情上花费时间。

如果你想要享受挑选投资产品或把握市场时机的兴奋和激动，最多使用投资组合的 5% 创建冒险账户。你可以使用这部分资金自由交易，并在自认为合适的时机买进卖出。但最重要的是：如果这部分资金全部亏损，不要试图追加，放弃冒险账户。这样既可以使你享受追逐市场的兴奋，又不会危及自己未来的财务状况。

第四，不要期望在投资时永远保持理智和理性。我们都是情感生物，有时会受情绪所控。如果你受情绪影响做出了错误的投资决策，从中学习教训，而不是重蹈覆辙。这是你唯一能做的。作家阿尔伯特·哈伯德（Elbert Hubbard）曾写道："在一天中，每个人至少有五分钟是傻瓜。犯傻时间不超过五分钟即是智慧。"我们强烈建议不要在这段短暂的时间内做任何投资决策。

如何远离情绪陷阱

最后，对于上述常见情绪陷阱，我们建议采取以下躲避方法。

1. 近因偏差。不要认为能以今天的结果预测明天，世界是不断变化的。

2. 过度自信。没有人能始终如一地预测市场的短期走势，包括你自己或为你管理投资的人。

3. 损失规避。要管理风险而不是回避风险。认为自己具有风险规避能力是不切实际的，且会付出昂贵代价。

4. 分析麻痹。任何停止投资的时间都意味着复利损失。构建合理的投资计划并开始行动。如果你需要帮助，聘请优秀的理财规划师来协助你。

5. 禀赋效应。仅因为你与其有所属关系并不会自动意味着此部分资产具有更高的价值。进行客观估值，在雇主股票上的投资额不要超过 10%。

6. 心理会计。请记住，从不同渠道获得的钱具有同样的购买力。已经支出的钱属于沉没成本，不应影响未来的决定。

7. 锚定心理。坚持到心理价位再出售属于愚人游戏。一味假设你的理财人员尽到了职责却忽视客观事实同样是盲目行为。要寻求不同的意见。

8. 财务疏忽。花时间学习合理投资的基本知识。这其实并不复杂。基本的投资知识意味着贫穷或富裕的区别。

在投资领域中，情绪可能会引导你走上金融危机的道路。跟随直觉，盲目从众，相信所谓的可靠消息，想发大财，或成为本章所描述的任何其他情绪化投资决策的牺牲品，都将让你越来越穷。了解行为金融将更好地使你能够把控自己的情绪，并做出更好的投资决策。

第 20 章

The Bogleheads' Guide to
Investing

攒足养老资金，
安享晚年生活

即使我只能活到四点，我也已经攒够了这辈子所需的全部的钱。

——亨利·扬曼（Henny Youngman）

    "每年最多可以花多少钱才能保证养老费用？"所有离退休人员和即将退休的职工都希望得到这一问题的明确答案。在寿命终止之前失业且花光钱的念头会让人联想到各种悲惨的画面。我们会想象在临终前勉强维持生计，在没有暖气的公寓吃猫食和饼干。我们想象着被朋友和家人抛弃，孤独地死去，葬礼规格极低，且参加者寥寥无几。

被这一问题困扰的人完全可以依靠以下信息找到确切答案：

1. 当前投资组合的价值；

2. 死亡日期；

3. 投资组合的年度收益率；

4. 美国联邦、州和地方年度税率；

5. 通货膨胀率；

6. 医疗费用；

7. 退休金及其他任何收入；

8. 房产（如有）的未来价值；

9.养老金和医疗保险覆盖范围的意外变化。

收集所有数据后，你可以通过很多在线财务规划程序进行计算，并得出去世之前可消费的数额。你甚至可以让殡仪承办人退回支票。对于那些希望留下遗产的人，确定给继承人的数额，该程序将相应调整你的消费额度。

你意识到回答这个重大问题时所涉及的困难了吗？即使你与安乐死医生凯欧克因（Kevorkian）定好了死亡日期，依旧有太多未知会影响答案的准确度。但是，无论如何你也想试一试。有好奇心的人都想知道。

我们真正需要获得的是预期寿命和历史财务数据。根据这些信息，投资学者和研究人员已经得出了问题的答案。"我每年能够消费多少钱才可以避免在临死时无钱可用？"虽然答案各不相同，他们提供的资金提取率往往都相差无几。

我们根据研究为你制订了一份支出计划，稍后会有介绍。但首先，让我们了解一下退休人员面临的两难困境。

退休人员的支出困境

假设你经过多年的工作和储蓄之后即将退休。不论主动或被动，你将面临没有工作的生活。你必须现在就制订支出计划，在你和配偶（如有）去世之前维持生活来源。两种基本方法对使用养老金时具有误导作用。首先，你可以享受生活，在退休早期超支消费，可能在日后会花光所有的钱。花费太多太快是一种错误，而且超出了你的承担能力。很少有人愿意在生命的最后几年进入国家寄养中心或变成他人的累赘。

第二种错误是花费过少。这通常是由对花光所有钱的非理性恐惧造成的——即使你的投资组合和其他收入来源足以维持你所期望的生活水平。过低消费者剥夺了自己和家人对商品、服务和经验的使用机会，从而丧失了更优质、更快乐、更充实的生活。这相当于播下了种子却不收获。对习惯于储蓄和投资的人来说，过低消费是一种难以克服的问题。

雅各布·利德（Jacob Leeder）的故事可以作为过低消费的例子。他开着一辆 1984 年奥斯莫比旅行车，居住在简陋的平房里。他没有孩子，也不养宠物。他没有安装有线电视，因此每天在女友住所待八个小时看股市报告，并使用她的手机跟自己的经纪人联系。根据他的女友安·霍尔多夫（Ann Holdorf）的描述，他对他的经纪人极不礼貌。

利德和霍尔多夫很少外出就餐，即使外出也会选择自助餐厅或便宜的餐馆。大多数时间，霍尔多夫会在家里做晚饭。在她生日时，利德会给她一张 100 美元的支票。他们从来不度假。当她提出度假时，他会说："现在不行，收益太差。"

利德于 1997 年去世，留下的遗产价值约为 3600 万美元。他的遗产规模让许多人大吃一惊，包括交往 24 年的女友安·霍尔多夫。利德确实给霍尔多夫留下了 15 万美元和 10 万信托基金，但考虑到他的遗产数额和他们的交往时间，这只是很小的一部分。他的大部分财富都被房地产税扣除，剩余部分则指定由他的两个侄女继承，还包括一部分对动物权利组织和兽医学校的捐赠。

正如英国牧师和散文家约翰·W. 福斯特（John W. Foster）所说："临死前的万贯家财是地狱里最大的笑话。"我们身上的最后一套衣服不需要任何口袋。

如何保证有生之年有钱花，又能享受生活

大部分人想要的计划是既要确保我们在有生之年有钱可花，又要尽可能多地享受生活。在制订计划时，确定年提取率是很好的出发点，但要意识到，提取率可能会随时间而有所调整。股市收益有高有低，且持续较长。可能会出现高通胀率并导致购买力降低。意想不到的事情可能以你从未想过的方式提高或降低生活费用。如果不切实际的人的座右铭是"做好准备"，那么退休人员的座右铭则是"保持灵活"。

无须惊讶，只需通过两种简单方法即可保持财务上的灵活性，并减少资金耗尽的可能性。第一种是将固定生活开支控制在尽可能低的水平。退休之后并不适合再进行大额抵押贷款、购买昂贵汽车、拥有信用卡债务等。当股市跳水、华尔街被熊市笼罩时，保持低开销就会带来很多便利。你应该灵活调整消费水平，在熊市时期的支出应低于牛市期间。收益好时，你可以将其中一部分利润用于消费。比如进行一次环球旅游或买一辆新车。股市下跌时，如果预算紧张，你最好把这些购买计划推后一至两年。

第二种增加支出灵活性的方法是在需要时具有其他收入。我们并不建议重新开始全职工作或去从事沃尔玛超市迎宾等工作。科技的发展为我们提供了很多远程办公的可能，使我们在舒适的家中即可完成有偿任务，工作量则由我们自己决定。例如，迈克尔仅靠在家中工作的收入已经超过了 100 万美元，完全不需借贷或雇用职工。他写作了《完美生意》(*The Perfect Business*)一书，教人如何做生意，并从出版社获得了可观的酬劳。

根据对婴儿潮一代出生的人的调查，他们中的大部分人计划在 65 岁以后以某种形式继续工作。不管出于主观选择还是客观无奈，能够获得收入会很有帮助，特别是对于刚退休的人，他们依然精力充沛，容易花费更多。挣得的额外收入意味着不必从投资组合中提取资金贴补生活。同时，额外收入可以作为意外之财用于购买物品、旅行或慈善事业等。除酬劳之外，还有利于心理健康。兼职工作会使你保持用武之地，让你觉得自己是个对社会有用的人，并帮你保持思维敏锐。

先锋集团的创始人约翰·博格在 80 岁高龄还经常参加会议、编写书籍、参加电视节目，依然是业界紧缺的良心标杆。尽管他在 1996 年接受了心脏移植手术，但依然充满正能量，充分利用生命发光发热。

保证退休生活收入的三种方式

提高偿债能力的其他方法包括延迟退休，等到完全退休时再提取社保基金和购买即时年金。每延迟退休一年就意味着多一年储蓄和复利且延缓一年靠提取投资组合来维持生活。当然，你必须享受所做的事情，否则不值得为经济效益耗费精力。

目前，可以领取养老金的最早退休年龄为 62 岁。许多人在符合提取资格时便会马上提取。然而，延迟至完全退休再提取则会获得数额更大，且经过了通货膨胀调整的养老金。例如，以 66 岁的完全退休年龄为例，66 岁时提取的所得金额将比 62 岁时高出 33%。

如果你的收入不高，何时提取养老金可能差别不大。从 62 岁算起，接下来的 20 年内养老金数额基本不相上下。然而，如果你在 2014 年的收入超过了 15 480 美元，每超过收入上限 2 美元将被扣除 1 美元罚金。达到完全退休年龄时，你将在收入罚金扣除之前获得更高的收入津贴。收入罚金将在达到退休年龄一年后取消。收入最高限制随着通货膨胀率的上升而逐渐提高。

如果你需要资金，健康状况不佳，且年收入低于 12 000 美元，则提取养老金的最佳年龄为 62 岁。如果你身体健康，寿命较长，年收入超过 12 000 美元以上，等到完全退休年龄再提取更为适合。推迟至 70 岁所提取的养老金额度将比完全退休年龄时每年高 8%。在一对夫妇都具有养老金的情况下，明智的策略是一人的提取时间延迟至 70 岁，另一人提取的时间则可略早一些。

第三种确保生活收入的方法是使用部分储蓄购买即期年金，从而保证每月的固定收入（详见第 4 章）。虽然年金对 75 岁以上的人是不错的选择，但其本身也存在缺陷，尤其是对新退休人员。第一，越年轻，支付金额就越低。第二，月收益率以当前利率为基准，近年来，利率水平相对较低，导致支出金额相对较小。第三，大多数即时年金无通货膨胀调整措施。鉴于退休后的年限很可能大于 30 年，因此年金的购买力肯定会随着时间的推移而逐渐削弱。若年度通胀率为 3%，24 年后购买力将降低一半。可选择购买通胀调整后的年金，但其首付款通常低于普通的即期年金。第四，如果你花巨额投保但未选择定期支付，万一你的寿命短于预期，这可能会对你的继承人造成非常不利的影响。因为这笔钱归保险公司所有。

退休人员的投资方案

对投资回报或支出的错误假设可能会减少你顺利退休的可能性。有些想法会导致很多退休人员面临困境，例如："由于现在的股市收益率比历史年均收益率高 10%，那么每年花费投资组合的 10% 应该绝对安全，我不会把钱花光，对吗？"大错特错！这种思考方式存在两个问题。首先，股市的未来收益很可能比过去低。其次，股市收益率高于平均水平时，超出部分通常都会高于 10%。但当股市收益低于平均水平时，通常都为负收益，从而会导致投资组合贬值。更糟糕的是，高于或低于平均水平的收益通常都会持续多年，但其模式是无法预测的。认为每年提取 10% 不会花光全部资金的想法与认为头热脚冷会带来整体舒适度的想法并无区别。如果你足够幸运，在长期牛市开始时退休，提取投资组合的 10% 可能不会产生后顾之忧。但是，如果退休时恰逢长期熊市拉开帷幕，此时投资组合已经缩水，将无法按原数额继续提现。

已有多人对 30 年投资组合的实际持续期限进行了可靠研究，大多数结论表明，4% ~ 6% 的年度提现比例可以在很大程度上保证投资组合延续，但这依然取决于投资组合的资产配置。然而，一旦支出率超过 6%，投资组合存续的可能性将迅速下降。你可能已经发现，支出率越低，投资组合存续的概率就越大。

投资组合需要持续多久？答案是"比大多数人想象的要长"。例如，65 岁的男性活到 90 岁的概率为 20%，女性则为 32%。对已婚的 65 岁人士来说，夫妇中至少一人活到 90 岁的可能性为 45%。但需要记住的是，这只是平均预期寿命。一半退休人员的寿命都长于预期。

在第 8 章中，我们为不同年龄的先锋集团及非先锋集团投资者分别推荐了投资组合方案。退休等重大生活变化都意味着需要对资产配置方案进行重新评估。你可能已经注意到，为在频繁出现的熊市中减少亏损风险，根据年龄推荐的投资组合的主要变化在于减少股票和增加债券。不再具有工作收入的退休人员必须明白，使现有资产保值比试图以现有资产为赌注获取更多更为重要。因此，我们建议早期和晚期退休人员随着年龄增长，尽量减少股票持有比例并提高债券持有比例。

第 8 章的资产配置方案并非一成不变的。也许，你享有退休金或社保等大量额外收入。或者你的投资组合规模较大，即使遭受了重大亏损依然不会降低你的生活水平。在这种情况下，你可以保持甚至增加股票比例，以争取为继承人和 / 或慈善机构留下更多资产。也许，你的生活支出完全来自投资组合的股息、资本利得和资本收益。在这种情况下，不要试图冒险提高收益率，最好选择削减不必要开支或兼职工作的办法。

最后，我们会得出"每年可以提取多少钱"这一重大问题的答案。如果想以通货膨胀调整后的方式提现，可选择随着生活成本增加相应提高每年提现金额，但首次提现的比例不能超过投资组合的 4%。如果想以固定比例提现，每年提现的比例尽量不要超过投资组合当前价值的 5%。请记住，在某些年份，投资组合的价值可能会下降，如果以固定比例提取，一定要做好收入下降或通过其他途径获得额外收入的准备。投资组合也存在增值的可能性，从而产生了提高提取比例的空间。此外，随着年龄增长，余下的时间变短，可以适当增加提取比例。需要注意的是，此处的提取率按税前计算，所以其中一大笔钱将用于缴税。

保证你在去世之前有钱可用的计划并不存在。然而，从历史情况可以看出，这些配置和提取策略很有可能帮助你避免有生之年两手空空的窘境。如果你已年满 75 岁，但出于对破产的恐惧仍然每年仅提现 4%，此时绝对可以适当放松支出限制，除非你对医学科学有极大的信心。

总之，在终生资金规划上最关键的是保持灵活的财务策略，特别是在退休早期。将固定开支控制在较低水平，在必要时保持额外收入渠道。年度提取上限的硬性标准可能会更让人安心。教条式地遵守此类规则极易导致支出过多或过低。在工作期间，我们必须在面对不确定性时做出财务决策，而在这一新生活阶段同样如此。最重要的是，不要让对金钱的顾虑剥夺了把钱用于重要的人和事上的自由。

第 21 章

The Bogleheads' Guide to
Investing

充分投保，避免
人生的不确定风险

保险能够防范除了保险经纪人之外的任何风险。

——伊万·艾萨（Evan Esar）

不幸时有发生。这只是生活的一部分。有时，坏事会导致破产。适当类型和数量的保险可以保护个人或家庭财务免遭破坏。只需一次未投保的灾祸即可永远毁掉个人或家庭财务。因此，适当保险是不可缺少的。

具体来说，需要考虑以下几种保险类型：

1. 为家庭经济支柱购买人寿保险；

2. 为全部家庭成员购买医疗保险；

3. 为家庭经济支柱购买伤残保险；

4. 购买财产意外损失保险；

5. 购买汽车保险；

6. 购买责任险以避免产生昂贵的诉讼费用；

7. 为老年人购买长期护理险以防止养老金损失。

成功的投资者也应该是好的风险管理者。风险管理意味着制订计划弥补不利情境。这就是保险的意义——防止意外损害摧毁养老金。本章的目的在于笼统介绍不同人群适用的保险类型、保险数量，以及如何寻找合格人员来帮你做出良好的保险决策。

购买保险时常犯的错误

购买保险时，几乎所有人都会对一些事项投保过高，而另一些事项则投保过低。原因之一在于我们不愿意看到坏事发生，但往往忽略了坏事发生的可能性。因此，大多数人都没有统筹考虑全面的保险计划；相反，我们以碎片式的方式购买保险，这样购买保险的钱才能发挥最大价值。基本上，出现频率较高的保险错误有以下三种：

　　1. 投保次要事项，忽视关键事项；

　　2. 基于灾难发生的概率投保；

　　3. 投保范围过窄。

投保次要事项，忽视关键事项

人们通常为汽车、电脑或大屏幕电视购买延长险，但很少购买责任保护险。无保修的电脑出现损坏会产生费用，但未被责任保险覆盖的诉讼会造成毁灭性的财务损害。经常发现有人为邮寄的包裹投保却不为自己的健康投保。也经常发现单身人士购买了不必要的人寿保险却未购买真正需要的伤残保险。投保优先顺序将防止我们为琐碎事项投保却忽略了生活中的重要领域。

基于灾难发生的概率投保

永远不要因为某些事情发生的可能性很小而不买保险，这是一条需要牢记的经验。例如，如果你居住在沙漠地区，你可能会认为购买洪水保险是浪费钱，但事实并非如此。洪水几乎可以在任何地方发生，虽然在一些地方发生的概率比其他地方小得多。如果洪水造成的损失将导致财务崩溃，你需要购买洪水保险。如果发生洪水的可能性很小，则保险的价格也会相应较低。

投保范围过窄

你会从机场自动贩卖机上购买航空意外险吗？你会购买意外死亡保险吗？你会购买老年痴呆医疗保健服务吗？这些事例都属于投保范围过窄。针对特定疾病投保通常都是浪费钱。针对特定灾难类型的保险容易从情感上诱发购买冲动，从而使保险公司挣得巨额利润。如果你需要人寿保险，购买不限定死因的保险类型。购买全面的医疗保险以涵盖所有突发事件。

合理投保的三大关键原则

以下三个简单的规则可以极大减少或消除常见的保险错误：

1. 只为无法承担的天灾人祸投保。最便宜的保险是自我保险。
2. 最大限度地选择你能负担的免赔额。免赔额越高，自我保险的程度越高，保费越低。
3. 只从信誉高的保险公司购买保险。你需要的是能够对索赔需求承担责任的保险公司。

正如卢·霍尔茨（Lou Holtz）教练所说："隧道尽头的亮光有时是失控的火车发出的。"我们无法提前得知不幸发生的时间和可能需要的保险类型。你只能为意外和最坏情况做好准备，并针对此类情况投保。常见的保险类型如下。

人寿保险

人寿保险的目的在于在家庭的经济支柱去世后为其家属提供经济保障。

没有家属或财务独立的人不需要人寿保险。如果你能留下足以维持家属生活的遗产，你可能也不需要人寿保险。

如果需要购买人寿保险，建议选择定期保险。定期寿险是一种按需付费的经济型保险，是实现人寿保险目的的最便宜方式。当你告诉保险销售人想购买定期寿险时，要做好听到长篇大论的推销辞令的准备，他们会极力说服你认为定期寿险保障力度不足，因小失大，容易省小钱吃大亏。他们可能会试图向你出售更昂贵的具有现金价值的保险单，如终生寿险、通用寿险或可变寿险。他们可能会告诉你，这种方案既能提供人寿保险又是不错的投资方式："不用付出生命也能获得收益。"虽然具有现金价值的保险是一种投资工具，但其相关成本过高，并不是划算的投资选择。我们并不相信投资与保险合二为一这种说法。保险的目的是提供保护，投资的目的是积累财富。不要将其混淆或并为一谈。

保险公司热衷于推销具有现金价值的保险，因为这将为销售人员和保险公司带来高额利润。销售人员经常能获得第一年保险费的 50% ~ 100%。不过，如果你坚持购买定期寿险，保险代理人依然会卖给你。保险公司不会放过任何积累财富的机会。

人寿保险推销员通常会像秃鹫一样扑向刚刚踏入社会的大学毕业生。他们经常会这样推销："在年轻、身体健康时能以较低的费率购买人寿保险。当你年老或需要时，可能已经由于身体状况不符合购买资质或无法承担高昂保费。"年轻人不应该被这些销售辞令所骗，因为他们并没有需要供养的家属。在需要人寿保险之前，每个人都应将财产用于储蓄和投资而非购买人寿保险。

需要购买多少人寿保险

决定购买人寿保险后，你将需要确定购买的数量。表 21-1 提供了 10 项关于购买人寿保险的计算方式，可以得出估算值。只需填写金额即可。

净结果（第 10 行）是人寿保险所需金额的估计结果。若需更全面地分析你的需求，可咨询专业的寿险代理和 / 或财务策划师。

表 21-1 　　　　　　　　　　　人寿保险需求计算方式

1. 被供养人所需的年度生活费_____美元
2. 可使用的年收入（养老金、社保福利、年金等）_____美元

续前表

| 3. 年收入差额（第 1 项减去第 2 项）_____美元 |
| 4. 年收入差额乘以所需年限后所得金额_____美元 |
| 5. 应急基金（3 ~ 6 月生活费）_____美元 |
| 6. 预计葬礼费用（美国费用通常为 5000 ~ 10 000 美元）_____美元 |
| 7. 其他现金需求（税收、大学教育费用、遗产等）_____美元 |
| 8. 家庭总需求（第 4 项至第 7 项的金额之和）_____美元 |
| 9. 可动用的总资产（储蓄、投资、现有寿险）_____美元 |
| 10. 第 8 项的金额减去第 9 项的金额所得_____美元 |

定期寿险

定期寿险的利率固定，年限一般为 5 年、10 年、15 年或 20 年。期限越长，利率越高。购买你能负担且需要的最长期限。确保所购买的保险可续期，这意味着将来无论健康状况如何均可扩大未来的覆盖范围。

对绝大多数人来说，人寿保险有时是必需的，但几乎永远都属于糟糕的投资方式。

对处于高税收等级或需缴纳高额遗产税的人来说，在极少数情况下，费率低且具有现金价值的人寿保险和定期保险可被视为良好投资。如果你属于此类投资者且认为这种投资较为合适，建议你咨询独立的财务规划师或遗产规划律师。

医疗保险

购买足够医疗保险的重要性及其飞速增加的费用对大多数人来说都是痛苦的教训。如果你目前或曾经就职的单位提供了相对便宜的医疗保险，你很幸运。

第 21 章
充分投保，避免人生的不确定风险

如果你未被团体医疗保险所覆盖，则需要自行购买自己的医疗保险，其中最重要的是重大疾病保险。此类保险覆盖了金额较大的医疗账单，如住院、X 射线检查、化验、手术、诊疗费和康复服务，等等。该保险的终身给付收益最低为 100 万美元，有时为 200 万美元。

通过选择可负担的最高免赔额比例和共同支付比例可以降低医疗保险的成本。共同支付指在覆盖事项发生之前你需要支付的金额，如 25 美元的医生诊疗费、20 美元的处方费，或者 20% 的医药费。共同付款通常具有上限，如1000 美元。因此，若购买了 20% 的支付比例、上限为 1000 美元的医疗保险，如果产生了巨额医疗费，你只需支付 1000 美元以内的 20%，其余费用则由保险公司支付。

如果你不满 65 岁，可以考虑高免赔额保险方案，以及建立健康储蓄账户（Health Savings Account，HSA）。HSA 账户融合了高免赔额医疗保险和税收优惠储蓄。在 HSA 账户中，合格的医疗保险计划可为单身人士提供最低 1000 美元的免赔额，为家庭提供最低 2000 美元的免赔额。可每年将免赔额存入健康储蓄账户，但不得超过最高限制。2014 年的最高限制为 3300 美元（单身）和 6550 美元（家庭），而且 HSA 账户中的储蓄额免税。HSA 账户中的钱可用于支付免赔额或牙科和视力保健等非承保的医疗费用。任何从账户中提取的钱在支付医疗保健费用时都是免税的。账户余额会在延期纳税的基础上增值。这是一种既能降低医疗保险费用又能降低税收负担的储蓄方式。

另一种降低医疗成本的选择是加入 HMO（健康保险机构）。虽然此类机构保费较低，但可能会在选择上有所局限。HMO 经常对选择医生和医疗服务上设有限制。如果你更看重选择医生的自由，那么 HMO 并不适合你。

良好的医疗保险还包括以下特点：

1. 可自由选择医生或专家，无须转诊或初级保健医生授权；

2. 对住院、手术和化验费用不设限制；

3. 对个人应付款设有年度上限或限额；

4. 覆盖在国外产生的医保费用。

就像生活中的大多数事情一样，医疗保险覆盖范围与所支付的费用成正比。你可能无法负担或需要上述全部功能，但规模大、资质优的供应商往往更能提供适合你的优质医疗保险。

长期伤残险

最有价值的个人金融资产是什么？你可能会认为是房产、公司或流动资产。除非你已经实现财务独立或已退休且具有稳定的养老金，上述答案都是错误的。对大多数人来说，最大的金融资产是未来的挣钱能力。只有死去的人才不需要生活费。但致残的意外情况会给你带来真正的经济困难。你无法通过工作获得收入，但依然需要支付日常生活的费用。更有甚者，你还可能同时面临高昂的医疗费用。大多数人都需要长期伤残险以确保未来的挣钱能力。可悲的是，在美国，虽然有 70% 的人购买了人寿保险，但只有 40% 对他们最大的金融资产投保。

2001 年，哈佛医学院和法学院共同对个人破产进行的一项研究表明，一半以上的破产是由疾病和医疗费用造成的。令人惊讶的是，75% 以上的破产者都购买了健康保险。此外，56% 的人具有大学学历，且已成家立业。这些人并不是传统印象中那些试图钻法律漏洞、拖欠债务的游手好闲之徒。他们中的大多数只是普通人，不幸生病或受伤，且未购买足够的保险。他们的不幸对收入和以工作为基础的医疗保险造成了损失以及高昂的医疗费用。医疗保险至关重要，但只是一部分。工薪阶层也需要残疾保险。

我们对购买残疾保险有几点建议。首先，根据自身需求，保险的覆盖范围应尽可能广。最大购买额度通常为收入的 60%。其次，以税后资金自行购买保险，不要依靠就职单位购买。在这种情况下对伤残险的提现收入免税。在当今工作频繁更换、自由职业盛行的背景下，你可能并不想依靠用人单位提供残疾保险。如果你同时遭遇了失业和伤残，麻烦就大了。

良好的伤残险通常具有以下特点：

1. 适用范围包括无法继续从事本行业的情况；

2. 在理赔开始之前需要的等待期不超过 90 天；

3. 包含生活成本调整机制；

4. 适用范围包括局部残疾；

5. 对你当前职业的覆盖时限尽可能长或至少持续到 65 岁退休之前。

如果你仍然认为"我不需要伤残险"，请参阅以下统计数据：35 岁的人在 65 岁之前致残的概率为 20%，1/7 的人失去劳动能力的时间会长于五年。残疾概率远远高于过早死亡的概率。在收入损失上，以每年储存收入 10% 的人为例，残疾一年即可让十年积蓄化为乌有。一定要为你最大的金融资产投保。

财产险

人寿、伤残和医疗保险都是为了保护你和你的家人在死亡、残疾或疾病的情况下免于陷入经济困境。接下来，我们来讨论保护个人资产价值免受损失的保险。

首先，你需要房屋保险，不论自有房产或租赁房屋。房屋保险适用范围包括火灾、洪水、地震、抢劫或任何大灾难。购买此类保险时需要记住的是"重置成本"。例如，也许几年前你购置房屋时花费了十万美元，但当前的损毁重建费用可能是当初购置成本的三或四倍。一定要根据房屋及内部设施的重置成本来确定投保力度。不要自以为你购买的保险覆盖了所有灾难，如洪水和地震等，因为很可能并非如此。你通常需要购买附文条款。一定要保证房屋保险覆盖了所有可能发生的灾难。

房屋保险的覆盖范围通常包括室内 50% 至 75% 的建筑，一般来说这是足够的。但仍然存在其他剩余的价值。你可能需要针对某些物品购买特殊附文条款，如贵重珠宝、电子设备、银器或毛皮等。但除非失去这些东西将给你带来经济困境，此类附文条款可能并不值得购买。

列出家里所有私人物品的清单，并将清单存放在保险箱内或房屋之外的地方。通过视频和照片记录所有物品是一种实用的快捷方式。每年更新一次视频，并将其存储在住所之外的其他地方。这在不得不进行索赔时将会非常有用。

汽车是大多数人拥有的第二种最昂贵的资产。虽然法律要求所有司机购买人身伤害／财产损失责任保险，大多数汽车保险覆盖的范围更大。如果你已有其他保险或拥有的是旧车，并非所有功能都是必要的。例如，如果你有一辆旧车，价值较低，可以不需购买汽车全保和碰撞险。

其次，购买保险的唯一目的是为无法负担的灾难提供理赔。其他附加项，如租车赔偿和拖曳等，很难被归于防护范围，可以直接忽略。如果你已经购买了健全的医疗保险，也可以省略车保中的医疗费用赔偿部分。

通过申请承受能力之内的最大免赔额，可以减少房主、承租人和车主的保险成本。配备了烟雾探测器、消防喷头等安全系统的房屋可能享受保费折扣。装有安全系统、防震刹车或安全气囊的汽车也可申请保险折扣。如果你的车具有相关设备，一定要告诉保险代理人。

再次，你需要保护自己避免因为可能出现的诉讼而倾家荡产。在当今的诉讼社会，这是绝对必要的。所购买的个人责任伞式保单的责任限额应至少达到 100 万美元或覆盖全部净资产。伞式保单相对便宜，通常以 100 万美元为单位出售。

最后，如果你是企业所有者，应确保你有足够的企业保险来赔付意外费用，如核心人物保险和业务保险等。随着家庭企业越来越多，一场火灾有可能同时摧毁住宅和企业。因此，家庭企业需要购买额外企业保险以覆盖库存、计算机、办公设备等损失。如果你是家庭企业所有者，可以向房屋保险代理咨询如何保护企业资产。

长期护理保险

曾任晨星公司财务策划总监的苏·史蒂文斯（Sue Stevens）曾对长期护理保险的必要性进行过论证："在 1000 人中，5% 将经历房屋火灾，平均成本为 3400 美元；7% 将经历车祸，平均成本为 3000 美元；60% 将需要进入养老院，平均成本为每年 50 000 美元，平均在养老院居住三至五年。"

在史蒂文斯女士的文章发表之后，养老院的成本已经大幅上涨。在一些地区，养老院的平均年度费用已经超过了 10 万美元，预计未来将继续上升。

并非所有人都适合购买长期护理保险。两类人永远不需要——家财万贯的人和家徒四壁的人。家财万贯的人很可能具有自我保险的能力，能够独立支付长期护理。那些家徒四壁的人则具有医疗补助资格，这意味着政府将支付其养老院护理费用。医疗补助相当于福利式养老院，这意味着你不可能得到最好的照顾，但也不需要花钱。

如果你在 55 岁至 60 岁时的流动资产在 20 万和 200 万美元之间，建议你认真考虑为自己和配偶购买长期护理保险。随着医疗保健的不断进步，人均寿命将变得更长。加上 7600 万名婴儿潮一代出生的人已经临近退休，养老院、护理中心的需求肯定会逐渐增加，家庭医疗保健的时间也会越来越长。

在退休初期，长期护理保险能够防止投资收益的损失，与长期残疾保险防止投保人因失去工作能力而遭受损失类似。如果配偶一方需要增加长期护理保险的时限，其成本不会对退休收入来源产生影响。同样地，对于那些希望将财富留给后代的人来说，拥有长期护理保险消除了有备无患的必要。这使得在生前将财产赠与后代更加容易，且更能保证继承人获得所有剩余资产。

如果你有意向购买长期护理保险，优良保险应含有以下功能。

1. 日补助额度应与居住地的养老院的日常生活费用相当。补助额度越高，保费越高。

2. 保险应包含 5% 的年度通胀防护，在提供日常给付的同时考虑护理成本的上升因素。

3. 补助支付期限应为至少三至五年，终生付款最佳。

4. 应具有免责期。消除期类似于可扣除费用。在补助生效之前，你自行支付的时间越长，保费越低。前 25 天的费用将由医疗保险支付。对大多数人来说，100 天的免责期是较好的选择。

5. 保险范围不能因为拖欠保费以外的任何其他原因取消。

6. 保险应覆盖熟练护理和业余护理费用。补助也应包括家庭医疗和辅助生活护理费用，不需事先住院。

7. 应覆盖老年痴呆症等特定疾病。

8. 补助触发应明确规定保险覆盖时间，如无法独立更衣或沐浴等。在顶级的长期护理保险中，老年痴呆症等认知障碍也可触发补助，即使受益人具有独立更衣和沐浴能力。

9. 保费豁免，允许你在开始领取补助时停止交费。

10. 年保费不得上涨，除非本国所有投保人的费用均被提高。

11. 保险费用应符合税收优惠政策。保费和任何补贴都可能免税。

最好在 60 岁之前购买长期护理保险。70 岁时购买需缴纳的保费将比 60 岁时高出 2.5 倍左右。此外，等待的时间越长，感染慢性疾病的风险越大，将失去投保资格。

如何寻找优质保险公司和代理

在互联网时代，我们足不出户即可获得保险知识。购买保险，咨询报价和收益比较均可以在线完成。你也可以在网上查询保险公司的经济实力和质量评级。

一个多世纪以来，贝氏（A.M. Best）公司一直致力于保险公司评级工作，评级标准从 A++ 依次递减。我们建议从贝氏评级为 A 级以上的保险公司购买保险。可从贝氏公司网站查询保险公司的经济实力和整体质量评级。其他公司提供保险评级的公司还包括惠誉评级（Fitch Ratings）、穆迪评级（Moody's Investor Services）以及标准普尔评级等。我们还建议请优秀的保险代理帮助你选择你所需的保险类型和覆盖范围。以客户为本的称职保险代理可以节省你的时间和金钱。

要努力寻找道德操守、职业程度和服务水平均具有良好记录的保险代理。你可能知道，保险代理人各不相同。一些保险代理人经过了公司的严格筛选和培训，将提供能够留住客户的服务，而另一些代理人则因准入门槛较低而流动率高。

寻找优秀的保险代理可从咨询他人开始。向你信任的会计、理财规划师、律师、成功商人寻求建议。同时得到多人推荐的代理应该是优秀的。你还可以通过以下专业证书进行筛选：

　　1. 特许财产及责任保险核保人（CPCU）；

　　2. 特许人寿保险核保人（CLU）；

　　3. 注册保险顾问（CIC）。

上述资格证书意味着持有人接受了长期专业知识教育，并在各自领域通过了严格考试。这意味着职业精神的庄严承诺。

一些代理人只代表一家公司，而另一些代理人则是独立的，具有更多的自由来帮助你挑选并购买最适合你的保险。找到优秀代理之后，应尽量提高代理人佣金。这样可以使自己成为其重要客户，获得最好的保险和服务将符合其最佳利益。优秀的代理人销售保险的依据不是价格高低而是与你的需求的契合度。此外，你不会被迫购买不需要的保险，代理人将与你保持定期联系以确认你享受了最新且足够的承保范围。

本章仅对你可能需要的保险类型和金额进行了粗略概述，并非全面介绍。因此，我们建议你寻求优质专业保险服务。

虽然天有不测风云，但重要的是，你可以通过遵循一些简单规则来减小不幸发生的概率：

1. 不吸烟；

2. 定期锻炼；

3. 每日饮酒不得超过限量；

4. 系好安全带，不要酒后驾驶；

5. 饮食健康，保持体重；

6. 休息充足；

7. 定期进行体格、牙科和视力检查；

8. 保持积极心态，笑口常开。

遵循这些规则并不意味着不需要保险，但肯定会改善你的生活。

第 22 章

The Bogleheads' Guide to Investing | **做好遗产规划，造福子孙后代**

富人谋划三代；穷人只关心周末。

——葛罗莉亚·斯泰纳姆（Gloria Steinem）

尽管你可能觉得自己并不富有，但征税人可能并不这么认为。记住，划定贫富标准的是税收法规，而不是你。因此，在你去世时，遗产税法律将根据你所积累的财富水平确定遗产缴税的税率。目前，美国的遗产税起征点为 5 340 000 美元，起征点基数根据通货膨胀每年调整一次。

尽管提供遗产法律建议超出了本书的范畴（这是遗产规划律师的工作），我们将介绍一些在遗产规划和继承上需要考虑的事情。这比纯粹由遗产处分法决定遗产归属，或许将大部分财产上交国库要好得多。

我们都爱自认为与众不同，甚至相信自己不会死。也许我们是特殊的，但都是寿命有限的凡人。因此，生活中有两件事可以确定——死亡和交税。

在积累财富这一项终身事业中，总会伴随着某种程度的个人或家庭牺牲。我们要确保这些资产的分配不会在我们去世之后变成另一场持久战。相反，我们希望自己挑选遗产继承人，并以最少的费用和最高效的方式完成财产让渡。

从容的告别：做好身后规划

在某些方面，提前知道去世时间有助于我们从容不迫地妥当安排后事。但既然这并非事实，我们现在就需要未雨绸缪，包括遗产分配。

重要的是，我们要知道妥当安排后事涉及的不仅是遗产规划，还将面临一系列其他法律问题，并准备好所需文件。这些法律问题和文件往往由律师在准备遗产规划文件时同时准备。

以下我们来介绍一些你可能需要的文件及各项文件涉及的注意事项。

遗嘱

即使已经建立了信托，你依然应该设立遗嘱。如果你有未成年子女，你应在遗嘱中指定自己和配偶去世后孩子的法定监护人。

你还需要将资产分配方式告诉遗嘱执行人。遗嘱执行人负责处理信托或所有权继承之外的所有个人资产，如去世后付给受益人账户（POD）或去世后资产自动转移到另一方账户（TOD）。

除了遗产较少的限定情况之外，遗嘱必须通过认证程序。在美国的一些州，遗嘱认证可能会具有高额时间和费用成本。尽管有一些州已经精简了处理程序，最大限度地减少了成本，但其他州则允许律师收取大笔遗嘱认证费。

请记住，遗嘱执行人需经法院批准之后才能开始工作。法院经常要求遗嘱执行人具有担保。经法院批准后，遗嘱执行人必须妥善处理你的全部事务。遗嘱执行人将为你清理欠款、支付债务、评估资产、转让所有权，也许还会涉及一些资产出售。这些工作需要时间，因此，遗产不会像你想的那样快速转移给继承人。

有多种方式可以避免遗嘱认证手续，例如将资产放入信托、以所有权形式分配（联合账户、POD/TOD 等）、在个人退休账户或年金等税收递延账户中指定受益人或第二受益人。储蓄债券也可设置受益人或共有人。一些共同基金公司也允许为应税账户设置受益人，这意味着这些账户也可以避免遗嘱认证。先锋集团的此类产品被称为直接受益人计划。但需要知道的是，免于遗嘱认证并不意味着免交遗产税。

最后，需要知道的是，如果你拥有个人资产，但去世时没有遗嘱，法院将指定执行人和未成年儿童监护人。居住州的无遗嘱死亡继承法律将决定你的继承人。法律意见并不一定与你的意愿一致。

生前信托

无论资产位于何地，只要被列入生前信托或可撤销信托，即可避免认证程序。在资产所有人去世之后，信托的功效与遗嘱类似，继承受托人将根据你的意愿处置遗产。然而，由于信托资产不参与认证，你的遗产事宜将属于私人事务。资产所有人去世后，信托让渡程序较为简单，资产处置可以立即进行。然而，创建信托的成本比遗嘱高得多，所以你需要确认自身的情况是否值得使用信托。

如果决定创建生前信托，你需要更换资产所有权并将其转移至信托账户。去世之前，你可以将自己指定为"受托人"，这意味着你仍然可以完全控制信托资产，与信托之外的资产一样。你也可以根据自己意愿指定配偶作为共同受托人，在这种情况下，夫妻二人将同时具有对信托资产的控制权。

你还可以指定继承受托人。继承受托人（配偶、子女、好友）应是你信任的人，你完全相信他们会诚实、有效地执行你的意愿。继承受托人也将在你失去自主意识时管理信托资产。

生前信托并不意味着不需要遗嘱，遗嘱将处理未转入信托账户的个人资产，或其他方式的遗产，如所有权变更或临终时指定受益人等。

最后，你应该知道的是，可以根据具体情况选择不同类型的恰当信托。其中包括继承信托、不可撤销信托、特殊需要信托、附带可终止权益信托（QTIP）、隔代信托、出让人保留权益信托、剩余资产慈善信托。你可以和遗产规划律师共同确定适合自己的信托方式。

授权书

授权书主要有永久授权书和有限授权书两种。有限授权书设有权限限制，受托人只能在文件中指明的限定情况下代表你的意愿。

"财务永久授权书"允许受托人在你丧失执行能力或无法独立行使时代为管理你的经济事务，并代为进行财务决策。

"医疗护理永久授权书"允许受托人监管你的医疗护理事宜，并在你无法执行时替你做出相关决定。然而，这些决定不能违背你的医护事前指示或生存意愿。

医护事前指示

医护事前指示能够在你失去表达能力时向医疗人员传达你对某些医疗治疗和生命抢救的特定愿望。这份文件也被称为"生存遗嘱"或"医护指令"。

被广为报道的泰丽·夏沃（Terry Schiavo）一案经历了从佛罗里达州各级法院到美国最高法院的层层争论，从 1998 年开始审理，直至 2005 年才最终结案。此案甚至被提交至美国国会讨论。此事的源头在于泰丽·夏沃未能将个人意愿以书面表达，即使法院证词显示，她曾多次表明如果变成植物人，宁愿死亡也不愿通过呼吸机维持生命。不要重蹈她的覆辙。以适当的格式写下你的意愿，以避免出现这种痛苦且违背意愿的情况。

其他注意事项

根据当前的遗产税法，继承人将按照递增成本基数对特定遗产纳税，税收递延账户除外。适用于递增成本基数的遗产包括可能具有大额未实现资本利得的股权共同基金。在当前的税收体制下，递增成本基数以被继承人死亡之日的遗产市值为准，继承人无须为你获得的收益缴税。

如果遗产规模较大，你可以考虑与优先消费应税账户、税收递延账户次之的传统理财方式相反的做法。将增值的应税收入留作遗产，你（和继承人）

均可避免为这些投资的资本利得缴税。

然而，如果按照传统思维方式，优先消费应税资产，而将具有税收抵扣优惠的个人退休账户留给继承人，那么你需要为出售应税资产获得的增值收益缴纳长期资本利得税。个人退休账户不适用于递增成本，因此继承人在提取所继承的个人退休账户资产时需按最高所得税税率缴税。所以，成本递增基数对投资者的应税资产是一种有效的遗产规划工具。

关于财产赠与

赠与是一种可以降低遗产规模的方法，甚至可能降低至遗产税起征点之下。当前，个人的年度赠与额度为 14 000 美元，此部分赠与不限人数且无须缴税。如果夫妇二人共同赠与且所占比重相等，则总赠与额度为 28 000 美元。年度课税豁免金额将根据通货膨胀进行调整。

尽管赠与可以有效降低遗产规模，并相应减少遗产税应交数额，这种方法还具有其他优势。例如，赠与可以为你带来慷慨的乐趣并提升他人对你的好感。

需要注意的是，如果超过了年度豁免限制，则需缴纳赠与税，但也存在以下的例外情况：

1. 当前，对配偶的赠与数额未设限制，但配偶须为美国公民。
2. 当前，对支付他人学校学费或医疗账单部分的赠与数额未设限制，但需直接支付给学校或医疗机构。另外，其他教育费用不适用于此规定，如住宿费等。
3. 年度赠与豁免限制还适用于向慈善组织和其他免税机构的捐赠，其中对免税机构的捐赠豁免额可达到收入的 50%。

向慈善机构和其他免税机构的捐赠不受年度赠与税收减免限制的约束。但是，在生前对喜欢的事业进行大额捐赠可能会影响我们维持目前生活方式的必要资金，一些人可能无法承担。慈善信托可以解决这一困境。

通过慈善信托可进行捐赠，获得税费减免，并领取年金以维持生活开销。第4章提供了多种年金支付选择。捐赠数额以实际价值为准，可涵盖增值资产，从而避免为增值部分缴纳资本利得税。免税机构将增值资产出售时不需缴纳任何税费。慈善信托是双赢的。捐赠者免于缴税，且可获得年金以维持生活支出，而捐赠者支持的慈善或事业则得到了捐赠资金。

声明书

声明书是你应该准备的最后一份文件，内容应包含你对葬礼安排或火化以及可能存在的器官捐赠的预期和说明，并指明其他重要文件的存放位置，以及你可能遗漏的其他临终信息。一定要确保将这份文件交给你希望执行这些指令的人。

免责声明

正如我们在本章开始时所说的，本章讨论的任何内容都不应被视为法律建议。我们不是律师，不具有提供法律建议的资格。相反，我们尝试讨论一些你希望详细了解，并且可能在咨询律师之前希望先征求家人意愿的问题。对这些重要事项具有更多的了解，可以帮助你在与遗产规划律师讨论之前做好功课。

马克·吐温曾说："征税人和动物标本剥皮师唯一的区别是，后者会留下皮肤。"遗产税也是如此。

第 23 章

The Bogleheads' Guide to Investing | 成为自己投资
航程的掌舵人

起点无法改变，但任何人都可以从现在开始创造新的结局。

——卡尔·巴德（Carl Bard）

你是刚刚开始投资的新手吗？如果是，没必要感到尴尬，因为这其实是好消息。这意味着你还没有机会接触我们曾经犯过的愚蠢且昂贵的投资错误。我们希望，这本书中的知识能够帮助从零开始的投资者避免大多数我们经历过的陷阱。你可能比当时的我们掌握更多的知识。因此，你不必像我们一样通过血泪教训学习如何投资。只需将我们在本书中提供的信息加以实践，你就已经正确迈出了投资生涯的第一步。

也许你具备一些有限的投资经验，但在进行投资决策时会产生些许不安或不确定心理。本书尝试提供简单易行的可靠信息，可以帮助你沿着成功的方向规划个人财务和构建投资组合。我们希望，本书的知识能让你在未来进行投资决策时更加自信。

也许你具备了长期投资经验，但在投资过程中屡犯各类常见错误，现在正在寻找正确的理财方向。我们也有过类似的经历。我们希望这本书中的信息能指引你在投资航程中避免风浪并最终安全抵达目的地。这本书在理财中可以充当救生圈的角色，一定不要错过。

不论经验多少或何种投资风格，每个人都是自己投资航程的掌舵者，你需要确保正确的行驶方向。承诺自己，马上开始为你和你所爱的人创造"新结局"。过去的事留给历史，已无法改变。然而，你可以现在开始使用本书介绍的工具和策略，指引你的投资道路。因此，向我们保证不再推脱，并将理顺自己的投资和经济事务放在待办事项的首位。记住，拖延是对财务成功最大的损害！

现在，让我们对本书的重点内容进行总结和回顾。

学会投资，实现财务自由的建议

选择健康的财务生活方式。我们需要偿还信用卡债务，建立应急资金，控制支出，最重要的是，学会如何生活在自己的财产线以下，因为这是财务自由的关键。

尽早养成储蓄和定期投资的习惯。开始越早，获得复利收益的时间越长。

尽可能多地了解各种投资选择，如股票、债券和共同基金等。对于大多数投资者来说，共同基金为投资提供了巨大的多样性。不要投资你不懂的东西。

估算退休之后的资金需求，以此评估自己的投资路线是否正确。实现目标的前提是设定目标！

通过低成本的共同基金的指数化投资策划在长期范围内超越绝大多数投资策略的可能性最大。如果你决定持有主动管理型共同基金，请选择使用税收优惠账户持有成本低的基金。

资产配置计划以你的个人情况、投资目标、投资期限和需求以及风险承担意愿为基础。高预期回报会伴随着高风险，世上没有免费的午餐。要使投资计划尽可能简单。

成本问题。市场收益无法控制，但投资成本是可以控制的。佣金、费用和共同基金的费用比率可以抵销大部分投资回报。将成本控制在尽可能低的范围内。

税收可能是最大的投资成本。尽量选择节税程度最高的投资方式。使用纳税递延账户持有税收效率低下的基金，并为应税账户选择节税投资方式。要记住多样化的重要性。你需要同时持有波动方向不一致的投资产品。

再平衡很重要。再平衡策略能够控制投资风险，且有可能带来更高的收益。但所选择的再平衡策略不宜频繁变化。

追逐市场时机和收益属于糟糕的投资策略。这种策略会导致投资者的收益低于大盘水平，威胁个人财务目标的实现。

为子女教育投资。可选择多种税收递延和免税投资方式。

学会管理获得的继承财产或彩票中奖等意外财产。

确定是否需要咨询财务顾问，理清其中的利弊因素。

了解保护未来购买力的重要性，选择通货膨胀保值债券等投资方式。记住，通货膨胀会偷偷劫走你的未来购买力。

屏蔽噪音，不要被日常财经新闻分心。避免投资热点，流行投资策略很可能会导致亏损，不要盲目从众。任何一次侥幸心理都可能对投资组合造成严重亏损。

购买适当种类和数量的保险可以为个人资产提供保护。保险的目的是资产保护，而非投资。不要混淆这两种目的。

获得投资成功需要控制情绪。让情绪支配投资决策可能会对财富产生不利影响。

保证资金的可用时间长于自己的寿命。提现率过高可能会让你在死亡之前用光所有的钱。

适当的遗产规划可以确保你的资产在合理期限内按最低税费转移给继承人。

博格投资协会能为你做什么

现在，你已经具备为未来的财务安全制订计划的工具。我们知道，你具有了这种能力，但你不必完全依靠自己。博格投资协会可以随时随地为你提供额外帮助。你可以通过博格投资论坛网站联系我们。

此网站包含了与博格投资协会有关的大量有用信息，其中包括：

1. 博格投资论坛发帖提示；

2. 推荐阅读书单；

3. 强大的搜索引擎；

4. 链接至博格投资论坛当前正在进行的讨论；

5. 链接至其他财经网站。

Bogleheads.org 网站由两位技术实力强大、慷慨敬业的博格投资者出资设立并负责运营，他们分别为亚历克斯·佛莱科特和拉里·奥顿。

所以，如果你有投资问题，或对本书内容需要更详细的阐释，可以在博格论坛上发帖咨询，我们会知无不言。

在博格论坛上解答问题的并非只有我们三人。有很多非常聪明且乐于助人的博格投资协会成员随时准备、愿意且能够解答你的投资问题。

活跃于博格论坛的发帖人包括律师、医生、教师、金融专业人士（CFA、CFP、CPA 等）和许多来自其他行业的非常有趣的人，如金融作家威廉·伯因斯坦、瑞克·费里、比尔·斯库塞斯（Bill Schultheis）、拉瑞·斯威德罗等。博格投资协会成员分布的地域较为广泛，遍布美国，还包括一些来自加拿大、澳大利亚、印度、日本和其他欧洲、亚洲和远东国家的成员。

你会发现，博格论坛在同一投资问题上会产生不同的意见。博格投资者认为一刀切式或一劳永逸型的投资方法并不存在。正如泰勒常说的那样，条条大路通罗马。

论坛经常会对主动管理型基金与指数基金及其他热门话题产生激烈的辩

论。不必发帖即可学习投资知识。如果你愿意，你可以像很多人一样隐身浏览，通过阅读问题和答复以及就各类投资主题的交流和辩论获得投资知识。其他博格投资者发布的许多链接也包含大量有用信息。

博格投资者的队伍每年都在发展壮大。在美国各地及海外已经成立了多个博格投资地方分会，这些地方分会定期举行线下社交聚会，就彼此感兴趣的各类投资主题进行讨论。如果你愿意见到其他博格投资者，可以通过博格论坛维基百科资料查询各地分会信息。地方分会不收取会费，每人自愿支付。

除了地方分会聚会之外，博格投资协会每年举办一次年会，这些会议已经在全美多地举办。会议通常在每年 3 月举行，具体时间和地点会在博格论坛发布。

| 结语 |

制订并严格遵守个人财务计划非常重要。将指数基金等低成本的共同基金作为投资组合的核心。我们认为，投资的奥妙在于简洁。需要警惕的是，肯定存在许多干扰，会诱惑你偏离所选择的投资道路。然而，如果你事先知晓并做好防范准备，在诱惑面前坚持自己的投资计划就会容易得多。

本书和博格在线论坛为你提供了获得投资成功的所有必要工具。也许你会在线浏览博格论坛，或者参加线下聚会。也许不久之后，你也会加入博格投资者和宣传投资知识的行列。在此之前，制订个人投资计划并坚持下去！

约翰·博格先生是世界上最大的不收费基金家族、世界第二大基金管理公司先锋集团的创始人，以及博格金融市场研究中心的总裁。1974年，他创立先锋投资公司，并担任董事长直至1996年，此后他一直担任公司的主席到2000年。1999年，《财富》杂志评选他为20世纪四位"投资巨人"之一。2004年，美国《时代》杂志把他列入"世界上最有影响力的100人"之列。金融机构投资者协会授予博格"终身成就奖"。2006年，他被美国《纽约时报》评选为"20世纪全球十大顶尖基金经理人"。

博格先生喜欢写作，既是投资经理，也是金融作家。与大多数晦涩难懂的专业书籍相比，博格先生往往会以一种罕见的清晰和简洁行文，简明扼要地陈述证据以证明自己的观点。博格先生著述颇丰，并形成了独特的投资哲学。他设法在所有著作中与明智的基金投资者共同分享智慧，消除应该避免的愚行。他认为，最有效的积累财富的方式就是保持与金融市场提供的每年收益持平，然后从长期的组合投资中获得更大的好处。

本书涉及金融、投资和法律领域的专业内容，为翻译过程增加了不少难度。尽管我始终谨慎动笔，仔细求证，但难免还会存在疏漏，恳请广大读者批评指正。